Marcel Van

UN INFLUENCEUR AU PARADIS

www.premierepartie.com

Courriel : contact@premierepartie.com

Direction générale : Pierre Chausse

Direction éditoriale : Clotilde Brossollet

Édition : Dominique Pérot-Poussielgue

Direction artistique et couverture : Caroline Soulères

Photographies du cahier central : © Les Amis de Van

Composition : Soft Office

Dépôt légal : 4e trimestre 2023

ISBN : 978-2-36526-324-5

PÈRE GRÉGOIRE CORNELOUP

Marcel Van

UN INFLUENCEUR AU PARADIS

EDITIONS
PREMIERE
PARTIE

Au père Jean-Christophe Thibaut.

Aux MAJ d'hier et d'aujourd'hui,
qui avec moi, sont fans de Van.

À Madame Anne de Blay.

Préface

Quand tu as dix ans, que tu es habité par un grand rêve, et que les adultes, en qui tu avais mis toute ta confiance pour le réaliser, profitent de toi, te maltraitent et viennent jusqu'à abuser de toi, il y a vraiment de quoi se laisser habiter par la colère, qui, si facilement, peut se transformer en haine, en violence.

Combien ai-je rencontré, dans la pratique de mon métier d'éducateur spécialisé, d'enfants blessés par des actes de maltraitance, commis dans des institutions pourtant censées les protéger ! Combien en ai-je vu porter toute leur vie ces blessures comme un fardeau, qui les empêchaient d'accéder au bonheur, leur cœur rempli d'amertume !

Alors, je suis impressionné par le jeune Marcel Van. Élevé dans une famille aimante et croyante, il rêve de devenir prêtre… et voici que ceux à qui il a été confié, dans la cure de Huu Bang, profitent de sa faiblesse d'enfant pour le battre, l'humilier par des tâches dégradantes, allant même jusqu'à tenter de le violer. Fuguant une première fois pour rentrer chez lui, voici que ses parents ne croient pas en son récit, aveuglés par la confiance qu'ils font à l'institution.

Obligé de retourner dans cette sinistre cure, il organise la résistance, manifestant une maturité et une ingéniosité peu communes pour rassembler et organiser ses petits camarades, qui le nomment « le général ». Avec ceux qu'il appelle « les anges de la résistance », il décide d'abolir tous les abus qui oppressent les petits et les grands.

Il fuguera définitivement de cette cure. Sur les pas du Christ, il mûrira dans sa décision de ne pas faire de la souffrance un obstacle au bonheur et continuera d'être fidèle à son rêve de prêtrise.

Quelle merveilleuse leçon d'espérance !

Le disciple de Don Bosco que je suis – et j'ai été heureux de voir cité dans cet ouvrage son rêve des trois blancheurs – ne peut s'empêcher d'effectuer un rapprochement avec Dominique Savio, ce jeune que l'Église a choisi pour patron des adolescents. Au sein de l'Oratoire du Valdocco[1], il crée « La Compagnie de l'Immaculée », dont les membres effectuent le rôle d'« anges gardiens » auprès des nouveaux qui arrivaient dans la maison avec leurs mauvaises habitudes prises dans la rue.

---

1. C'est le nom de l'institution fondée par Don Bosco dans les faubourgs de Turin en 1846.

Comme Marcel, Dominique voulait être saint, prêt à accepter un programme de mortification. Et Don Bosco de lui faire découvrir que ce n'était point la bonne méthode… mais qu'il s'agissait plutôt d'effectuer son devoir du quotidien, de se mettre au service de ses camarades, et surtout d'être joyeux.

Lui aussi rêvait d'être prêtre. Malheureusement, la maladie l'emporta avant qu'il ait pu souffler sa quinzième bougie.

Marcel Van, lui non plus, ne devint pas prêtre, découvrant, grâce à sainte Thérèse de l'Enfant-Jésus, qu'il était appelé à devenir « l'apôtre caché de l'amour ». Il s'engagea alors à seize ans chez les Rédemptoristes, et ne cessa de vivre dans une grande proximité spirituelle avec sainte Thérèse qui, nous dit-il, le considérait comme son petit frère. Marcel Van est un adepte de cette « petite voie » qu'elle a initiée.

À l'heure où nous fêtons le 150e anniversaire de la naissance de cette sainte, pour qui – enfant né dans un village près de Lisieux – j'ai gardé une dévotion particulière, il est merveilleux de constater l'influence qu'elle continue d'exercer auprès des jeunes du monde entier. Et l'on imagine combien fut grande au ciel sa joie d'accueillir son petit frère Marcel, qui mourut après quatre années de captivité dans un camp de travail du Vietnam du Nord.

À l'heure où tant de jeunes s'égarent dans leur quête du bonheur, sur des routes qui mènent à des impasses, combien le témoignage de Marcel Van est lumineux et porteur d'espérance !

Je remercie le père Grégoire Corneloup de rendre accessible son message à tous les jeunes d'aujourd'hui. Puissent-ils – en particulier ceux dont la vie est difficile et les perspectives parfois sombres – trouver dans cet ouvrage des motifs d'espérer contre toute espérance, à la manière de notre frère Van !

Père Jean-Marie Petitclerc
Salésien de Don Bosco

Introduction

« Comment, jeune, garder pur son chemin ? »

Comment, jeune, réussir à vivre les idéaux et les aspirations qui naissent de ton cœur ? Comme de nombreux jeunes à l'aube de leur vie d'adulte, cette question, tu te l'es posée peut-être bien souvent face à la difficulté d'être chrétien dans le monde. Si tu te la poses, c'est que tu veux « faire du grand » dans ta vie et que le message du Christ ne te laisse pas indifférent. Pourtant, tu sens bien tes incapacités et les tentations qui pourraient te détourner du message révolutionnaire de Jésus. Les mirages sont nombreux, les chemins variés, et il n'est pas facile d'éviter les faux pas qui te mèneraient dans le décor.

Alors écoute la réponse de l'auteur du psaume à cette question. C'est en observant la parole de Dieu que s'ouvre pour toi une vie heureuse.

Comment jeune, garder pur son chemin ?
En observant sa parole.
De tout mon cœur, je te cherche ;
Garde-moi de fuir tes volontés.

Dans mon cœur, je conserve tes promesses
Pour ne pas faillir envers toi.
Toi, Seigneur, tu es béni :
Apprends-moi tes commandements.
Je fais repasser sur mes lèvres
Chaque décision de ta bouche.
Je trouve dans la voie de tes exigences
Plus de joie que dans toutes les richesses.
Je veux méditer sur tes préceptes
Et contempler tes voies ;
Je trouve en tes commandements mon plaisir,
Je n'oublie pas ta parole[1].

Et cette Parole de Dieu, cette partition d'une vie heureuse et épanouie en Dieu a été jouée magnifiquement par le Frère Marcel Van que tu vas découvrir ou redécouvrir ici. Tu pourras t'inspirer de tous les évènements de sa vie, profondément imprégnés de foi chrétienne. Tu verras comme il a été accompagné par sainte Thérèse de l'Enfant-Jésus qui a été pour lui un coach. Coach par ses écrits et coach par les mots qu'elle lui adressa du Ciel. Ces derniers étant, pour tous les amis de sainte Thérèse, comme des paroles inédites d'une grande profondeur. Tous ces mots vont accompagner ta lecture, afin de te montrer combien Van et Thérèse sont unis dans l'amour de Jésus.

1. Psaume 118, 9-16

Dans ce livre, tu vas découvrir de quelle façon un frère dans la foi a mis en pratique la parole de Vie dans son enfance et sa jeunesse. Parce que nous avons besoin de modèles proches de nous pour actualiser la parole de Dieu. Son petit nom est Van. Son prénom de baptême est Joachim. Un des traits de sa personnalité est sa fragilité apparente. Sur les photos, il apparaît timide et discret. Mais la force de Dieu s'est déployée dans sa faiblesse et en a fait un témoin convaincu de Son amour. Il te montrera que nous ne sommes pas enfermés dans nos limites et que par « grâce », par le don de Dieu, nous pouvons avancer dans la vie.

Si je te parle de lui, c'est que sa vie éclaire ma vie depuis longtemps. Il est devenu un ami spirituel, et comme il faut être généreux, je te transmets ce que j'ai moi-même reçu.

Je l'ai connu en entrant au séminaire. Dans mon lieu de formation pour devenir prêtre, il y avait un grand portrait de Van. Je me demandais toujours qui était ce « Chinois ». Un jour, un séminariste me dit : « Pour ta vie spirituelle, il faut lire absolument Van et sainte Thérèse. » J'ai accueilli la parole de cet ami qui avait un peu d'avance et j'ai lu une biographie. J'ai été enthousiaste, comme si j'avais trouvé le filon d'une mine d'or. C'était d'autant plus magnifique que j'avais demandé au Seigneur un maître spirituel pour approfondir ce que j'avais reçu enfant. Van synthétisait et en même temps déployait tout ce que je portais au fond de mon cœur. Depuis ce temps, lui qui s'appelait le « petit frère de Thérèse » est devenu mon grand frère. Il est certain qu'il pourrait le devenir aussi pour toi.

Avant de te proposer d'explorer certains traits de sa vie chrétienne qui pourront t'aider dans ta propre vie, je te propose les grandes lignes de son existence. Ça te donnera quelques repères.

VIE DE VAN

Joachim Nguyen-tân-Van est né en 1928, près de Hanoï au Vietnam dans une famille catholique et dans un pays majoritairement bouddhiste. À 7 ans, Van a un grand désir de sainteté. Il fait part à sa mère de son intention de devenir prêtre. Comme ça se fait à l'époque, elle le confie alors à un prêtre et des enseignants. Il part ainsi habiter dans une maison avec d'autres enfants où il reçoit une formation scolaire et chrétienne. Contre toute attente, il vit plusieurs années de persécutions en un lieu marqué par la débauche de ceux à qui il a été confié. Son arme pour tenir dans l'épreuve : le chapelet ! Il s'enfuit mais ses parents ne veulent pas croire ce qu'il dit sur ce qu'il subit. La nuit de Noël 1940, à bout de souffle, Van reçoit une grande force lors de la messe et découvre sa mission : transformer la souffrance en bonheur. Désormais, il peut continuer sa route, soutenu par la grâce de Dieu en vue d'être prêtre.

Deux ans plus tard, continuant sa formation alors qu'il recherche un saint qui corresponde à son cœur, Van découvre *Histoire d'une âme* de sainte Thérèse de l'Enfant-Jésus. Par cette autobiographie, Van a trouvé une grande sœur spirituelle. Il dit qu'ils ont la même âme. Quelques semaines après, du Ciel, sainte Thérèse vient s'entretenir avec lui et lui annonce que Dieu a un autre dessein pour lui que celui d'être prêtre. Déception et, en même temps, confiance en Dieu ! Van entre quelque temps après dans la congrégation des Rédemptoristes à Hanoï, au nord du Vietnam où il mène une vie simple de frère, à l'école de sainte Thérèse et de saint Alphonse de Liguori[2]. Il reçoit le nom de frère Marcel. Durant son noviciat notamment, Jésus et Marie s'entretiennent à leur tour avec lui dans ce qu'on a appelé des *Colloques*. Le père spirituel de Van l'incite à mettre ces entretiens par écrit et à rédiger sa vie pendant ses temps libres. Van est par ailleurs affecté à la cuisine et s'occupe de l'atelier de confection de vêtements (la « taillerie »).

Après l'invasion du Vietnam par les communistes en 1954, alors qu'il était en sécurité dans le Sud, Van demande à être envoyé dans le Nord « pour qu'il y ait au moins une âme pour aimer le bon Dieu ». Arrêté au bout de quelques mois, Van passe quatre ans dans des camps de rééducation, témoin pour tous de paix et de joie. Il meurt d'épuisement en 1959. Il n'a que 31 ans.

Aujourd'hui, le message de Van se répand dans le monde, notamment par ses écrits qui sont publiés en plusieurs

2. Ce saint italien du XVIIIe siècle, est reconnu docteur de l'Église. Il a fondé la congrégation du Très Saint Rédempteur et s'est battu toute sa vie pour que l'Église développe une pastorale de la miséricorde.

langues. Il est pour beaucoup modèle de sainteté et pourrait être béatifié.

Van est donc martyr, au sens où il a choisi de donner sa vie malgré les dangers de mort qui pesaient sur lui.

Il est aussi mystique par l'entrée du surnaturel dans sa vie.

Pourtant, c'est quelqu'un qui avait bien les pieds sur terre, il était même très terre à terre parfois, comme nous le verrons.

À première vue, il ne te ressemble pas. Son époque est différente, ses choix de vie également. Cela pourrait te rebuter. Et puis, il n'a pas l'attrait extérieur du dynamisme d'un Pier Giorgio Frassati ou la « belle gueule » d'un Carlo Acutis[3]. En ce sens, il rejoint pas mal de jeunes modestes d'aujourd'hui, qu'on ne repère que si l'on s'approche d'eux pour découvrir leur beauté. Du Ciel où il doit être, cette comparaison ne le choquera certainement pas, lui qui se considérait comme un petit et qui fut bouleversé à la lecture des paroles suivantes de sainte Thérèse :

« De même que le soleil éclaire à la fois le cèdre et la petite fleur, de même l'Astre divin illumine particulièrement chacune des âmes grandes ou petites[4]. »

Toi aussi, il est possible que tu te sentes insignifiant. Van t'enseignera à t'aimer tel que tu es et à te placer sous

---

3. Voir, dans la même collection, *Carlos Acutis, un geek au paradis*, père Will Conquer, Première Partie, 2019.
4. *Sainte Thérèse de l'Enfant-Jésus*, Manuscrit A, 2v-3r. ou Aut 571.

l'inspiration du Seigneur. Lui-même a été porté par sainte Thérèse et c'est aussi par elle que je te propose ici d'être accompagné et fortifié dans ta vie de chrétien. Découvre donc maintenant, en quelques touches, ce qui a fait la vie de Van et laisse-toi enseigner. Puis mets en pratique ce que tu auras compris.

Mode d'emploi

Cher lecteur, au fil des pages, tu trouveras des pictogrammes qui compléteront la beauté de l'histoire de Van. Ces petits suppléments t'aideront à ne pas en rester à tes sentiments, mais à aller plus loin pour avancer à ton tour vers le Seigneur.

Le visage de Marcel Van indique les différentes étapes de la vie de ce jeune garçon qui a choisi, grâce à l'amour de Dieu, de ne pas faire de la souffrance un obstacle au bonheur.

À la fin de chaque chapitre, je te propose de lire un passage biblique qui se fera l'écho de la vie de Van. Il a su mettre en application et jouer de son mieux la belle partition que Dieu nous a transmise dans la Révélation. Tu peux la lire puis prendre quelques instants de silence, nul doute que cette parole éclairera ta vie.

Le visage de sainte Thérèse de l'Enfant-Jésus t'indiquera une citation de la sainte carmélite. Cette citation manifestera la proximité qui existe entre Van et Thérèse. Van a rédigé son autobiographie de façon à montrer les similitudes qui marquent leurs vies respectives. Les passages présentés ici sont comme des prolongations ou des annonces de ce que Van exprime.

Van a été marqué par le scoutisme. Il a fait partie de la patrouille du cerf, symbole d'agilité et de progrès. Il a reçu le totem d'écureuil, qui représente la joie et la rapidité. Pour aller plus vite vers les cimes, vers le Seigneur, je te propose quelques idées à mettre en pratique afin de faire comme Van : ne pas tarder à avancer !

Enfin, une prière inspirée des écrits de Van te tournera vers Dieu. La vie contemplée de Van portera du fruit seulement si elle t'entraîne à entrer en relation avec ton Dieu qui est si bon.

Les écrits de Van

Ils sont regroupés en 4 livres :

Autobiographie. Elle a été écrite à la demande du père Antonio Boucher, rédemptoriste et père spirituel de Van. Par obéissance, Van y a consacré tous ses temps libres de religieux. Il en a écrit quatre versions. La dernière est la plus aboutie. C'est celle-ci qui est citée dans ce livre.

Colloques. C'est le recueil d'entretiens entre Van et Jésus, Marie et sainte Thérèse. Van y reçoit beaucoup d'enseignements de ses amis du Ciel.

Correspondances. Ce sont les lettres que Van a écrites à de nombreuses connaissances (aux membres de sa famille, de sa congrégation, à ses amis et à d'autres personnes). Elles ont été recueillies par le père Boucher comme un trésor pour connaître l'âme de Van.

Autres Écrits. Ils rassemblent les carnets intimes de Van ainsi que des poésies, des notes de retraite et diverses réflexions.

Les écrits de Van ont été rédigés en vietnamien et traduits par le père Boucher après la mort de Van. En vue du procès de béatification de Van, l'Association Les Amis de Van les a rassemblés et édités pour qu'un tel trésor soit mis à la disposition de tous. Tous ces documents appartiennent à l'Association « Les Amis de Van ».

Aut : Autobiographie

Col : Colloques

Cor : Correspondances

AE : Autres Écrits

I

Avec Van, influencer le monde

Ces derniers mois, plusieurs fois, j'ai entendu des jeunes vouloir devenir *Youtubeur*. Certains (peut-être en es-tu ?) rêvent de devenir « influenceurs ». À partir d'une chaîne dont les sujets sont variés, ils ont les moyens, par leur grand nombre d'abonnés, de rejoindre énormément de monde, que ce soit à travers des produits marketing, une passion historique, culturelle ou politique. Je trouve intéressant que, pour réussir à percer, un véritable travail avec des compétences techniques et du contenu à partager soit nécessaire. Toutefois, la tentation est grande pour certains d'être aguicheurs avec des vidéos de types *« put a click »* qui n'ont souvent pas de fond, voire qui développent des « valeurs » portées sur le consumérisme et l'égocentrisme.

Toutefois, désirer avoir un rôle d'influenceur, désirer toucher les personnes là où elles sont et les embarquer dans une cause commune, ne date pas des réseaux sociaux. De tout temps existent des luttes d'influence afin de parvenir à ses fins. Dans la société moderne, on parle des *lobbys* qui sont des groupes de pression parfois tout à fait reconnus et dont le but est de changer le monde selon leurs vues, souvent pour des intérêts particuliers. Les milieux politiques sont souvent visés car ils ont un pouvoir législatif.

UNE VOCATION : PORTER DU FRUIT

Pour un chrétien, ces désirs d'avoir un impact sur notre monde n'ont rien d'étonnant et révèlent même la volonté de Dieu sur chacun de nous. Nous sommes faits pour les interactions avec les autres et pour créer par là même de la vie. Nous sommes faits pour créer des réseaux qui permettront à l'humanité de croître, rien que ça. La question qu'il faudra se poser est de savoir si ce que nous mettons en place pour influencer est juste et portera du fruit.

Notre vocation de personne humaine et de chrétien est bien de porter du fruit. C'est le but de notre vie. Souvenons-nous de la parabole de Jésus qui raconte qu'un homme part en voyage et confie des talents à ses serviteurs. À son retour, la joie du maître est de voir que ce qui a été confié a été multiplié (Mt 25, 15-30). Et en chacun de nous, il y a des biens variés que nous devons faire fructifier. Jésus le rappelle aussi quand il dit « C'est moi qui vous ai choisis et établis, afin que vous alliez et que votre fruit demeure » (Jn 15, 16). Les bons fruits, nous les trouverons en lisant l'épître de saint Paul aux Galates : « amour, joie, paix, patience, bonté, bienveillance, fidélité, douceur et maîtrise de soi » (Ga 5, 22). Il nous donne une clé de lecture pour savoir si les influences données et reçues portent la vie et sont dans la volonté de Dieu.

RESTER CACHÉ

Nous allons découvrir qu'être caché et influencer ne sont pas incompatibles, même s'il faut dépasser ce paradoxe. Van, effectivement, ne cherche pas la visibilité. Il ne désire pas avoir d'aura. Il n'a pas d'autre préoccupation que de faire plaisir à Jésus en répondant à sa vocation. Initialement, il voulait être prêtre pour « offrir la messe, pour aller prêcher la religion, sauver les âmes et procurer la gloire de Dieu[1] ». Cela l'enthousiasmait quand il y pensait. Bref, il aurait été comme tous les prêtres : un personnage public. Et donc certainement quelqu'un d'écouté dans une Église vietnamienne soucieuse de l'autorité. Toutefois lors de sa formation, il découvre la vie de sainte Thérèse de l'Enfant-Jésus. Cette découverte, à 14 ans, lui procure une joie profonde. Décidé à suivre la voie tracée par Thérèse dans son autobiographie *Histoire d'une âme*, il la choisit comme grande sœur spirituelle. Le cœur plein de joie, Van court dans la campagne et se pose, épuisé, après avoir gambadé. Là un évènement surnaturel se produit.

1. Aut 649

Il entend cette phrase : « Van, Van, mon cher petit frère[2] ». C'est sainte Thérèse qui lui dit être envoyée par Dieu pour lui communiquer toutes ses belles pensées. Thérèse lui enseigne ce jour-là plein de belles choses sur Dieu. Puis, renouvelant ses promenades les jours suivants, Van entend sa nouvelle grande sœur lui dire : « Dieu m'a fait connaître que tu ne seras pas prêtre[3] ».

Choqué par cette annonce, Van n'en demeure pas moins prêt à servir Dieu en se consacrant à Lui. Quelque temps plus tard, il découvre la revue des Rédemptoristes qui lui donne un attrait pour cette communauté religieuse. C'est là qu'il entrera à l'âge de 16 ans, accueilli par le Père Antonio Boucher, maître des novices. Ce prêtre est touché par la vie de Van, pleine de souffrance et de confiance, pleine d'amour surtout et de persévérance. Il lui demande d'écrire sa vie, pensant au bien que ses mots pourront faire plus tard à ceux qui les liront. Van écrit ces lignes :

> « Mon cher Père, je ne sais si ce que j'écris ici aura quelque influence sur les âmes qui viendront après moi ? Toutefois l'unique but que je me propose en écrivant cette histoire, c'est d'accomplir parfaitement la sainte volonté de Dieu. Jusqu'à maintenant, il ne m'est jamais venu à la pensée de vouloir me produire pour servir d'intermédiaire à la grâce divine auprès des âmes. Tout ce que je veux, c'est

2. Aut 589
3. Aut 649

> être une fleur qui ne sait pas parler et qui cache sa beauté dans le cœur de Dieu. Cependant, Dieu n'est pas obligé de suivre cette volonté. Il doit au contraire réaliser cette parole sortie de sa bouche : "Personne n'allume une lampe pour la mettre sous le boisseau." Il a donc voulu que j'étale ma beauté et répande mon parfum au grand jour pour bien remplir ma destinée de fleur[4]. »

La volonté de Van est d'être « une fleur cachée » au sein d'un monastère où son quotidien serait partagé entre prière et tâches ménagères. Pourtant Dieu a voulu que, quelques décennies après sa mort, par la traduction en français de ses écrits, Van soit connu et touche le cœur de nombreux croyants. Oui, la vie de Van est source d'inspiration et a le pouvoir d'influencer les chrétiens d'aujourd'hui.

INFLUER SUR SON ENTOURAGE

Cependant Van n'attend pas la publication de ses écrits pour avoir un impact. C'est d'abord son entourage qui bénéficie des dons que Dieu a mis en lui. Nous aussi, nous avons reçu des grâces qui méritent d'être communiquées pour faire grandir ceux qui nous entourent.

4. Aut 3

Van est quelqu'un de radical et d'entêté (on dirait aujourd'hui « très sensible et entier ») que sa mère a eu du mal à éduquer. Il est de fait un tantinet moralisateur tant il est marqué par ses convictions. Cela fait de lui quelqu'un d'authentique et de vrai. Et c'est notamment dans sa propre famille qu'il joue un rôle important.

Il a 4 ans lors de la naissance de sa petite sœur Tê. Il lui manifeste tant d'affection qu'on doit l'écarter en l'envoyant chez une tante jusqu'à ce qu'il ait 6 ans. Cette affection ne le quitte jamais. Van partage à sa sœur tout ce qu'il comprend de la vie divine. Il se fait maître spirituel en l'accompagnant dans la naissance de son désir de vie religieuse. Une fois entré chez les rédemptoristes, il correspond avec elle et lui envoie des conseils et un soutien matériel en un temps où la guerre ne facilite pas la réalisation d'une vocation de consacré. Tê entrera chez les rédemptoristines et rejoindra un monastère au Canada. Elle y prendra le nom de sœur Anne-Marie. Cinquante ans après la mort de Van, elle écrit dans la présentation de l'édition des correspondances de son frère, combien ses lettres étaient un « précieux héritage de biens spirituels ». « Elles continuent, dit-elle, à m'apporter lumière, force, soutien, encouragement, réconfort ; elles continuent à m'instruire et à me guider. »

À la suite de Thérèse, c'est bien une doctrine spirituelle que Van présente dans ses écrits. Lui, le petit campagnard vietnamien, déploie une vue spirituelle de haut niveau qui n'a certainement rien à envier aux grands maîtres de la foi chrétienne. C'est ce qu'a souligné son père spirituel dans l'introduction de la *Petite Histoire de Van*[5] qu'il a écrite : « Je reconnais humblement que frère Marcel m'a appris sur la vie spirituelle beaucoup plus que j'ai pu lui en apprendre moi-même. »

Le mot « doctrine spirituelle » ne cache pas quelque chose de compliqué. Sa voie est accessible. La seule condition pour l'emprunter est d'aimer Dieu d'un cœur sincère.

INFLUER SUR LA FOI DE SON PÈRE

La doctrine ne serait rien si elle n'était pas mise en pratique. Van sait dans la foi que la prière est un moyen efficace pour influer sur le cours des choses, spécialement quand le mal est dans le cœur de ceux qu'il aime. C'est l'expérience qu'il a faite avec son père.

Van a un souvenir magnifique de son enfance avec son père. Il écrit combien il a pu profiter de l'amour et des gestes de tendresse de celui-ci. Il se revoit sur ses épaules, galopant dans la campagne, s'arrêtant soudain pour un temps de silence que Van goûte en voyant son père prier devant un beau paysage. Quoi de plus nourrissant pour un petit enfant ! Cependant, les malheurs s'abattent sur la famille et conduisent le père de Van à s'éloigner de la foi. Van prie pour lui et offre de tout son cœur les sacrifices qu'il peut s'imposer.

---

5. *Petite histoire de Van*, père Antonio Boucher, Les Amis Van éditions, 2014.

Une nuit, au monastère, Van offre sa fièvre pour un ami docteur à l'agonie, qui s'est lui aussi éloigné de la foi. Au matin, il apprend que le docteur est décédé. Il demande à Dieu la conversion de son papa comme signe que le médecin est au Ciel. Trois jours plus tard, Van apprend que son père s'est confessé et a communié. On dirait facilement qu'il a fait d'une pierre deux coups ou d'une prière deux coups… Sa prière et l'offrande cachée des épreuves de la vie quotidienne ont certainement permis que la grâce vienne sur ce médecin et sur son père.

MATERNITÉ ET PATERNITÉ SPIRITUELLES

Avec Van, on voit que le désir que nous avons tous d'être influents ne doit pas être superficiel et demande du temps. Van nous incite à donner la vie au monde et à ceux qui nous entourent. Cette vie n'est pas d'abord la nôtre mais une vie qui vient de plus loin que nous. Elle nous dépasse. En fait, l'influenceur, s'il fallait donner un sens chrétien à ce mot, serait plutôt un canal ou un passeur de lumière et de vie. Van a reçu la vie à travers de nombreuses expériences positives et négatives et il sait qu'il ne peut les garder pour lui. Cela nécessite de dire que la vraie influence chrétienne passe par un oubli de soi. Saint Jean-Baptiste disait en parlant de Jésus : « Il faut qu'il grandisse et moi que je diminue. » Nos aspirations doivent donc être purifiées de tout amour-propre, afin de répondre à la volonté de Dieu qui veut faire sa demeure en toutes ses créatures.

Pour comprendre jusqu'où nous sommes appelés à aller pour influencer de façon authentique notre entourage, il faut entendre Jésus parler à Van[6]. Ce dernier est qualifié de « mère des âmes » dès les premières pages des *Colloques*. Cette expression étonnante dit que Van doit enfanter Dieu dans le cœur des hommes. Si nous ne comprenons pas tout du premier coup, il ne faut pas s'inquiéter car Van lui-même, en entendant nombre de phrases énigmatiques de la bouche de Jésus, s'est exclamé : « Quel langage emploies-tu donc pour que je ne comprenne encore rien ?[7] ».

Pourtant, il est bon de faire l'effort de chercher le sens de ces mots qui sont d'une grande importance. Ils concernent les chrétiens qui veulent accueillir Jésus dans leur vie. Ce que j'espère être notre désir à chacun. Jésus dira plus tard que ce projet n'est pas que pour Van :

> « Comme elles sont encore nombreuses les âmes qui devraient accepter les mêmes fonctions que toi, fonctions que je réserve à mes épouses les plus chères mais qui ne daignent même pas s'en occuper, occasionnant par là un retard dans l'œuvre de mon amour. Actuellement, ces fonctions sont encore abandonnées dans un coin parce qu'il ne

6. Jésus parlait à Van en vietnamien. Les *Colloques* sont écrits en vietnamien, à l'exception de quelques rares expressions françaises.
7. Col 577

> se trouve personne pour les accepter. J'attends toujours et s'il se présente une âme prête à les accepter, je les lui confierai sans retard[8] »

Nous voilà face à la soif de Jésus de s'unir à nous, comme un époux à son épouse, afin de donner vie au monde. Elle résonne, cette réflexion, en un temps où l'on a l'impression qu'il n'y a qu'indifférence à l'amour de Dieu pour l'humanité. Or Jésus veut qu'on se donne à Lui pour que la vie jaillisse, don qui est celui d'un époux et d'une épouse. Ces termes d'« épouse » et de « mère » doivent évidemment se comprendre au sens analogique et non au sens propre du terme, mais ils nous permettent de comprendre la profondeur de ce qui se joue entre Dieu et nous. C'est la rencontre de notre âme avec Dieu qui portera du fruit.

L'image de la mère dépasse ainsi celle de l'« influenceur » qu'il nous faut ici laisser de côté. Ce terme est à vrai dire trop mondain et trop marqué par notre temps. Si nous voulons avoir un impact sur le monde, soyons plutôt comme une « mère » pour nos contemporains et recevons Jésus comme notre « époux ». En vous invitant à cela, je ne fais que reprendre ce que disait saint Paul aux habitants de Corinthe : « Je vous ai fiancés à un époux unique, comme une vierge pure au Christ » (2 Co 11,2).

Être « mère des âmes » a quelque chose de bien plus engageant. Cela nécessite l'oubli de soi et le passage de l'enfance

8. Col 209

à l'adolescence, par l'épreuve de la durée, pour faire advenir une personne adulte. Jésus ne dit rien d'autre à Van : « C'est à force de souffrances que la mère parvient à faire de ses enfants des personnes de valeur...[9] ».

Pratiquement, dans un monde de l'instant, du moment, qui a du mal à se projeter dans la durée, le chrétien qui veut changer le monde devra accepter la logique de la patience et du sacrifice. Bref, de vivre ce que Jésus a vécu. C'est ce que Van a vécu quand il a enfanté son propre père à la vie de Dieu. Par ses sacrifices et ses prières, il a obtenu sa conversion.

ÊTRE MODÈLE

Je ne voudrais pas que nous nous découragions en parlant de sacrifices dès le début de ce livre, c'est pourquoi il faut ajouter que la mère éduquera plus efficacement son enfant en étant modèle de ce en quoi elle croit. Van peut influencer son entourage car il vit ce en quoi il croit au sein même de sa famille. Au point que ses amis veulent l'imiter, comme Hien, après la découverte de sainte Thérèse de l'Enfant-Jésus. Ce dernier écrit à Van :

> « Le jour où tu es revenu du pied de la montagne, j'ai vu clairement sur ton visage l'empreinte d'une

9. Col 5

> joie tout à fait extraordinaire, qui nous a étonnés tous les deux, Tam et moi ; et sans le moindre doute, nous avons supposé que tu avais reçu là une faveur exceptionnelle. À partir de ce jour, j'ai encore constaté que ton programme quotidien était entièrement modifié ; en dehors des heures d'étude, tu donnais l'impression de n'être plus un homme de ce monde. Ce changement m'a fait réfléchir… Et, mon cher Van, *je désire changer moi aussi et suivre le même programme que toi.* Bien plus, je veux avoir le même guide que toi, afin que, avec toi, je puisse comprendre beaucoup mieux le chemin de la perfection[10]. »

Dans ce passage, nous voyons que Hien comprend que l'attitude de Van vient d'ailleurs. Ainsi Van peut reconnaître que la beauté de son être ne vient pas de lui seul. Il bénéficie de la grâce d'en-haut qu'elle soit clairement surnaturelle ou incorporée dans des évènements très humains. En fait, Dieu est toujours la source de notre vie et il est beau et juste de reconnaître avec humilité qu'on se reçoit d'autres ou d'un Autre. Notre désir d'avoir une place en ce monde s'équilibre alors car nous ne nous prenons pas pour Dieu.

C'est bien le défi qui est lancé à notre société et à chacun de nous. Dans nos désirs de jouer un rôle dans le monde, nous avons la tentation d'être la référence, le centre du monde.

---

10. Aut 636

Pourtant, nous existons dans un siècle donné, sur une terre donnée, avec des expériences limitées qui nous poussent à l'humilité. Toute tentative d'infléchir le monde doit être mûrie et appuyée sur des éléments solides. Or, nous savons que celui qui donne sa vie au monde, c'est Jésus. Ainsi, c'est une exigence de nous appuyer sur l'Histoire du Salut présent dans la Bible afin de méditer le projet de Dieu pour le monde. Forts de cela, nous pourrons être imaginatifs et faire croître la vie !

PAROLE DE DIEU

« Moi, je suis la vigne, et vous, les sarments. Celui qui demeure en moi et en qui je demeure, celui-là porte beaucoup de fruit, car, en dehors de moi, vous ne pouvez rien faire. Si quelqu'un ne demeure pas en moi, il est, comme le sarment jeté dehors, il se dessèche » (Jn 15, 5-6b).

CE QUE NOUS DIT SAINTE THÉRÈSE

« Je vais continuer mon travail quand je serai dans le Ciel. Je ne m'arrêterai pas de travailler. J'enverrai une pluie de pétales de roses sur la terre. Ah ! Mon frère, je le sens, je vous serai bien plus utile au Ciel que sur la terre et c'est avec bonheur que je viens vous annoncer ma prochaine entrée dans cette bienheureuse cité, sûre que vous partagerez ma joie et remercierez le Seigneur de me donner les moyens de vous aider plus efficacement dans vos œuvres apostoliques. »

Lettre au P. Roulland, 14 juillet 1897.

PROPOSITIONS POUR AGIR

– Partage tes convictions à ceux que tu aimes ! Et découvre le bien que des mots profonds peuvent faire au cœur de ceux-ci. Ne cache pas l'influence de Dieu sur toi. « Vous êtes la lumière du monde », dit Jésus.

– Prends un temps pour repérer ceux qui t'influencent. Distingue ceux qui t'entraînent dans le sens de l'Évangile et ceux qui t'en éloignent. Renonce à ces derniers.

- Tes commentaires sur les réseaux sociaux sont-ils encourageants et positifs ? Décide de formuler sur les réseaux sociaux des paroles et des commentaires positifs. Partage sans honte les belles vidéos rencontrées, en priant pour qu'elles rejoignent le plus grand nombre.
- Choisis de devenir dans ta propre famille un influenceur discret mais décidé. Sois artisan de paix.

PRIÈRE

Seigneur Jésus,

Tu m'appelles à la vie et à porter du fruit.

Tu veux que mon passage en ce monde ait un impact sur les cœurs.

Donne-moi de partager ce que j'ai de meilleur sans me soucier du résultat.

Je crois que tu as le pouvoir de faire infiniment plus que ce que je demande ou même imagine.

Ta puissance agit en moi.

Exauce mes désirs les plus fous pour que le monde soit transformé.

Amen !

2

Avec Van, choisir la sainteté

Si tu regardes l'histoire de l'humanité, tu peux constater que ceux qui ont changé positivement le monde sont les « saints », c'est-à-dire ceux qui ont décidé qu'un monde plus fraternel est possible et que le mal ne peut dominer. Les saints ne sont pas des êtres parfaits mais des personnes qui ont compris qu'à la source de tout bien, il y a un Bien supérieur qu'on appelle Dieu.

Dans un texte du Concile Vatican II, appelé *Lumen Gentium*, il est écrit que la sainteté est une « appartenance à celui qui est, par excellence, le Saint ». Ainsi la vie de tout chrétien consiste à s'approcher de Dieu pour recevoir le don de l'Amour. Avant d'être une pratique, la sainteté est une proximité avec Celui qui nous fait agir par amour. L'Église nous enseigne que nos petites forces ne suffisent pas pour aller au bout de l'amour mais que nous avons besoin de Celui qui est la source de tout amour, Celui qui dit : « Sans moi vous ne pouvez rien faire » (Jn 15,5).

La sainteté a chez Van une place de choix : c'est un terme qui revient tout au long de sa vie. Inscrit en lui comme un don inné dès son plus jeune âge, le désir de la sainteté est objet de désir tout autant que cause de tourment. Dans la première partie de sa vie, jusqu'à ses 12 ans, les évènements semblent vouloir l'empêcher de vivre des sentiments d'enfance qui sont pourtant chevillés à son âme. Dans la mesure de ses forces, Van résiste jusqu'à épuisement de ses ressources spirituelles à l'idée de devenir un saint. Il faudra alors rien de moins que l'intervention de sainte Thérèse pour persuader Van de revenir à ses intuitions premières : la sainteté n'est pas réservée à une catégorie de personnes inimitables, à une élite. Prophètes du Concile Vatican II, Thérèse et Van plaident ensemble pour une démocratisation de la sainteté. Une fois que cette clé lui est fournie, il ne reste à Van qu'à vivre de la sainteté même de Dieu. On le voit alors voler vers les cimes de l'amour.

LA SAINTETÉ : UN IDÉAL INSENSÉ ?

Pour Van, tout commence bien sur son chemin de vie chrétienne. Dès son plus jeune âge, Van est « formé à la sainteté » dans sa famille, spécialement par sa mère qui discerne très tôt l'action de Dieu dans son enfant. Aux dires de cette mère affectueuse, ses frères et sœurs aussi ont repéré cette action divine, mais le disaient à leur manière, comme des enfants, sur le mode de la taquinerie :

> « Un jour, pour taquiner sa sœur qui donnait des surnoms, il disait : "Moi, je suis saint Joseph." L'entendant parler ainsi, on lui dit : "Ne sois pas impoli." Mais il répliqua : "Comment serais-je impoli ? Si je me considérais comme saint Joseph quand je ne suis pas sage, je manquerais alors à la politesse, mais maintenant que je me conduis bien, je suis certain que saint Joseph aime m'entendre parler ainsi." À ces paroles dites calmement, son père se mit à rire et lui donna encore un nouveau nom : celui de "Saint Blagueur[1]". »

Cette relation naturelle aux saints en dit long sur le climat spirituel qui règne dans la famille. Pour autant, Van n'échappe pas à une certaine conception déformée de la sainteté, qui insiste sur l'imitation extérieure des actes des saints. Nous avons tendance à associer sainteté et souffrance, sainteté et « discipline ». Et cette héroïcité de la sainteté est à l'origine des premières inquiétudes de Van :

> « – Maman, les saints qui entrent en religion, comment font-ils pour se donner la discipline ?
> Avant que ma mère ait eu le temps de me répondre, ma sœur Lê intervint :
> – Ils prennent un rotin et se frappent sur le dos, pas autre chose.

1. Aut 42

Elle parlait ainsi parce qu'elle savait bien que j'avais une peur terrible du rotin. Alors je me dis :
– S'il en est ainsi, comment pourrais-je entrer en religion ?
Et on pouvait lire l'inquiétude sur mon visage. Cependant ma mère, d'un air joyeux, me consola en disant :
– Tu auras alors la grâce de Dieu...
Malgré cela, chaque fois que je pensais au rotin, j'avais peur et un frisson me passait sur tout le corps[2]. »

Il est bien clair cependant que la sainteté que Van va découvrir n'est pas exempte de souffrance. Souffrance qui est bien souvent le révélateur de l'amour. Il dira plus tard que « C'est au prix de grandes souffrances que Thérèse est devenue une sainte[3] » et sa vie en sera le témoignage vivant...

Pour l'heure, on peut dire que les premières années de Van sont « ensoleillées ». Il fait la joie et suscite l'admiration de sa tante et de ses grands cousins qui lui ont donné le titre de « saint de poche », la petite taille de Van contrastant avec la vigueur de son désir. Mais pour Van, l'ombre au tableau est toujours là : « Je pensais que jamais je ne serais un saint car j'avais encore une peur terrible de la discipline[4]. »

2. Aut 44
3. Aut 51
4. Aut 72. La « discipline » est une sorte de fouet utilisé pour se flageller dans un but de mortification et de pénitence (Larousse).

Tenté par une vie de mortifications et de sacrifices, Van rêve pourtant d'une sainteté autre, joyeuse et mariale, qu'il expérimente déjà à son insu. Chargé de faire paître le buffle pendant de longues heures, assis ou debout sur sa monture, Van organise des processions en l'honneur de Marie et il égrène continuellement son chapelet. Rien ne le remplit autant de joie que de voir arriver le mois de mai, qu'il qualifie de « mois de Mère », et de converser avec la Vierge Marie. Cette familiarité avec la Reine du Ciel lui est reprochée. L'honorer sur le dos d'un buffle serait un manque de respect ? Mais « j'aime la Sainte Vierge et je l'aime partout ![5] », se console Van…

Cette disposition naturelle d'ouverture à la vie divine va progressivement disparaître en raison de la malveillance de catéchistes pervertis. En effet, du haut de ses 7 ans, Van décide d'entrer dans une cure où il est accueilli pour, un jour, devenir prêtre. Il envisage ainsi la sainteté : pour être saint, il faut être prêtre.

L'expérience se présente douloureusement. Voilà qu'après quelques semaines d'un bonheur profond, Van gravit les premières marches de son chemin de croix… Pourvu de grandes qualités et zélé, Van se fait remarquer non seulement du curé qui le chouchoute mais encore des catéchistes qui le jalousent. Outre les sévices que ceux-ci infligent à Van, notamment en « échange » de la possibilité de communier, ils

5. Aut 449

pratiquent une autre forme de torture, beaucoup plus subtile, en lui disant :

> « "Autrefois les saints communiaient un jour et faisaient un an d'action de grâces. Ils se préparaient durant des mois, et pourtant quand venait le moment de communier, ils se frappaient la poitrine en disant : 'Nous n'osons pas encore.' Mais toi qui ne sais pas encore nouer solidement la ceinture de ton pantalon, et dont la bouche empeste encore le lait… etc., tu oses t'avouer digne ? C'est là vraiment faire preuve d'une grande témérité."
> Ensuite ils me lisaient des passages de la vie de saints qui, de fait, communiaient très peu souvent, et après s'être préparés rigoureusement soit par le jeûne soit par de grandes austérités. Comparés avec moi, il y avait une différence énorme[6]. »

Ce raisonnement tordu qui va contre les intuitions de son cœur installe une confusion qui le trouble durablement, à chaque fois qu'il doit communier :

> « J'étais troublé et je souffrais énormément, car sans en être digne comme les saints, j'avais témérairement osé communier tous les jours. Plus j'essayais de démêler cette question, plus elle s'embrouillait

6. Aut 148

et plus la blessure faite à mon cœur s'aggravait. Je n'osais plus communier tous les jours[7]. »

Van tient pourtant quelque temps, malgré le déchirement entre ses intuitions profondes et la doctrine officielle qu'on lui assène : « Ma soif amoureuse de Dieu suffisait pour l'attirer en moi d'une façon secrète et mystérieuse[8]. » Mais bientôt : « Bien souvent, j'avais un tel désir de m'unir à Jésus que j'éclatais en sanglots, ne comprenant pas pourquoi on me disait toujours que je n'étais pas digne et que Jésus n'était pas content[9]. »

Dans cette paroisse, Van affirme n'avoir jamais entendu personne parler de la bonté divine, pas même dans les sermons. Jamais aucune exhortation à la confiance en Dieu ne lui a été offerte comme remède à sa souffrance… L'*Autobiographie* de Van nous rend au contraire témoins de la déconstruction progressive des sentiments de l'enfance chez Van par le truchement de ceux qui étaient censés représenter Dieu sur la terre : les catéchistes et le curé lui-même, dont l'autorité, pour des raisons culturelles, ne pouvait être remise en cause.

Parvenu à un tel point de rupture – ses parents eux-mêmes ayant pris leurs distances avec lui –, Van se demande si Dieu peut aimer un être que tout le monde maudit. Animé d'une immense bonne volonté et toujours sincère, Van commence à se méprendre sur Dieu.

7. Aut 148
8. Aut 173
9. Aut 173

UNE SAINTETÉ À PORTÉE DE MAIN, LE TOURNANT OPÉRÉ PAR THÉRÈSE

Malgré une amélioration de ses conditions de vie dans la cure, Van garde longtemps le poison des paroles dites par les catéchistes. C'est seulement à l'âge de 14 ans, dans la nouvelle cure de Quang Uyen, qu'une éclaircie va se faire dans sa compréhension de la sainteté. Avant qu'un évènement libérateur ne se produise, Van pense ceci :

> « [...] malgré mon immense désir d'arriver à la sainteté, j'avais la certitude que jamais je n'y parviendrais, car pour être un saint, il faut jeûner, il faut se donner la discipline, porter une pierre au cou, porter des chaînettes et une chemise de crin, endurer le froid, la gale... etc. [...] Car, à ce que je comprends après avoir lu plusieurs vies de saints, la sainteté se résume tout simplement en ces pratiques extérieures, avec en plus des extases prolongées, des nuits entières passées en prière, etc. Toutes ces choses étant bien au-dessus de mes forces, j'étais désespéré en présence de conditions si dures à réaliser, et j'en concluais que mon désir de la sainteté était pour moi une pure folie, une grave tentation qu'il me fallait repousser fermement[10]. »

10. Aut 562

Le tiraillement de Van est particulièrement bien explicité plus loin :

> « Suivant mon idée personnelle, j'aurais voulu que ma vie de sainteté soit conforme à cette pensée de saint Augustin : "Aime et fais ce que tu veux."[...] Je l'aimais et je désirais lui prouver mon amour de n'importe quelle manière, soit même par un sourire ou une bouchée de bon riz. Je n'aimais guère la discipline qui me faisait toujours peur ; mais quand on aime, qu'est-il besoin de se donner la discipline ? D'ordinaire, les gens trouvent plus de plaisir dans un simple regard d'amour que dans mille cadeaux qui leur seraient offerts[11]. »

Par conséquent, n'ayant trouvé aucun guide « officiellement reconnu » susceptible de le confirmer dans cette pensée sur la sainteté, n'osant pas de lui-même inventer une voie nouvelle, Van est perpétuellement hanté par un désir qu'il considère comme une tentation d'orgueil : « J'avais peur, en disant oui à ma conscience, de commettre un péché, pour avoir osé désirer devenir un saint[12]. »

La rencontre avec Thérèse de l'Enfant-Jésus sera seule capable de mettre fin à son tourment. Van vient d'adresser une sorte d'ultimatum à la Sainte Vierge, la priant de guider sa main, parmi tous les livres de la bibliothèque, vers la vie

11. Aut 563
12. Aut 565

d'un saint qu'il sera en mesure d'imiter. Seule sa promesse intérieure de lire l'ouvrage sur lequel il tombera lui permet de dépasser le désappointement qu'il éprouve à la lecture de l'intitulé *Histoire d'une âme* mais, dès les premières lignes, ce qu'il découvre dépasse son attente :

> « Si Dieu ne s'abaissait que vers les fleurs les plus belles, symboles des saints Docteurs, son Amour ne serait pas un amour absolu, car le propre de l'amour, c'est de s'abaisser jusqu'à l'extrême limite. »
> « De même que le soleil éclaire à la fois le cèdre et la petite fleur, de même l'Astre divin illumine particulièrement chacune des âmes grandes ou petites[13]. »

Saturé d'émotion, Van ne parvient à lire que quelques pages, qui pour l'heure lui suffisent :

> « Aussi, sans avoir besoin de raisonner davantage, je trouvais dans cette parole la clé qui m'ouvrait une voie droite et agréable conduisant jusqu'au sommet de la perfection. J'ai compris que Dieu est amour et que l'Amour s'accommode de toutes les formes de l'amour. Par conséquent, je peux me sanctifier au moyen de toutes mes petites actions, comme un sourire, une parole ou un regard, pourvu que je fasse tout par amour. Oh ! Quel bonheur !

13. Aut 571

> Thérèse est une sainte qui répond tout à fait à l'idée que je me faisais de la sainteté. Désormais je ne crains plus de devenir un saint[14]. »

Il arrive alors à la conclusion : « Ainsi donc, devenir un saint ce n'est pas marcher par l'unique voie des "saints d'autrefois" ; il existait plusieurs chemins menant à la sainteté[15]. »

À partir de cette découverte, Van n'est plus le même et décide de prendre Thérèse comme guide car elle est une sainte selon son désir. Sainte Thérèse, envoyée par Dieu pour l'enseigner, se nommera elle-même « ange gardien de [sa] vie ».

UN CHEMIN QUI LUI OUVRE LA COMMUNION DES SAINTS

Le chemin a été long et douloureux pour Van mais voilà que les mots de sainte Thérèse viennent débloquer en lui son rapport aux saints et à la sainteté. Les aspects difficiles de leurs vies ne lui font plus peur. Il discerne que derrière des vies douloureuses qui le rebutaient, il y a l'amour. Aussi se considère-t-il comme le petit frère de cette myriade de vies données. Avec Thérèse en tête, il va nourrir sa vie chrétienne en contemplant ses amis du Ciel.

14. Aut 572
15. Aut 572

Ce lien avec ceux que l'Église considère comme des saints est ce qu'on appelle la « communion des saints ». Une solidarité est créée par notre baptême et notre orientation commune vers le Ciel. Nous formons une famille à travers le temps et l'espace qui nous lie dans le bien que nous voulons faire.

À partir de la découverte de sainte Thérèse, Van vivra avec les saints au quotidien. D'abord de manière extraordinaire, dans les *Colloques* où il partagera de nombreuses discussions avec Thérèse, Marie et Jésus, le Saint par excellence, mais aussi en se réjouissant de la fête de ses saints préférés ou en les convoquant dans ces temps de prière pour que l'exultation soit complète : « Ce matin, ô Jésus, avant de prendre part à ton banquet eucharistique, je les ai tous invités à se joindre à moi pour que la fête soit plus joyeuse[16] ».

On comprend que pour Van, les saints ne sont plus seulement des modèles du passé – ce qui est déjà magnifique –, mais des frères et sœurs à qui il peut parler pour obtenir un soutien fraternel. On les appelle alors des « intercesseurs ». Van a compris, à sa manière, ce que la Tradition de l'Église enseigne. La sainteté, chez Van, consiste à remplir le rôle de « gare de triage » pour assurer la redistribution immédiate des grâces qui lui arrivent. Les saints ne sont pas propriétaires du bien qu'ils font, mais passeurs.

Par extension, chaque baptisé, appelé aussi « saint » (avec un petit « s »), peut jouer ce rôle dans la prière. Ainsi la famille est solidaire dans le bien et grandit dans l'amour.

---

16. Col 45

La génération des jeunes qui veulent être « saints » a peut-être déjà entendu l'accusation d'orgueil qui était faite à Van. Les erreurs du passé perdurent toujours un peu. On voyait les saints comme des héros inaccessibles, à mettre en statue dans nos églises pour être vénérés. Nous les voyons encore un peu comme cela, alors que nous devrions vraiment les considérer comme des premiers de cordée ou des imitateurs de l'Évangile. Les mots ont leur importance pour valoriser ou briser les intuitions présentes dans le cœur. Van en a fait l'expérience.

Pourtant les saints sont bien des frères et sœurs dont les représentations sont dans nos églises, notre portefeuille ou les cadres photos de notre maison. Nous les côtoyons pour les imiter. Nous les convoquons dans la liturgie (du baptême, notamment). Nous sommes héritiers de ce qu'ils ont fait et même s'ils nous paraissent inaccessibles, ils nous inspirent pour vivre notre sainteté personnelle dans le temps qui est le nôtre.

Aussi devrions-nous avoir sur notre table de nuit des petites vies de saints accessibles pour nourrir notre imaginaire et notre être intérieur. Touchés par la lumière de leur vie, nous pourrons actualiser la place que Dieu a prise en eux. Nous pourrons devenir, comme eux, lumière pour notre temps, lumière pour le monde qui nous entoure et dire avec saint Paul : « Je vis, mais ce n'est plus moi, c'est le Christ qui vit en moi » (Ga 2, 20).

PAROLE DE DIEU

« À l'exemple du Dieu saint qui vous a appelés, devenez saints, vous aussi, dans toute votre conduite, puisqu'il est écrit : Vous serez saints, car moi, je suis saint » (1 P 1, 15-16).

CE QUE NOUS DIT THÉRÈSE

« Ô mon Dieu ! Trinité Bienheureuse, je désire vous Aimer et vous faire Aimer, travailler à la glorification de la Sainte Église en sauvant les âmes qui sont sur la terre et en délivrant celles qui souffrent dans le purgatoire. Je désire accomplir parfaitement votre volonté et arriver au degré de gloire que vous m'avez préparé dans votre royaume, en un mot, je désire être Sainte, mais je sens mon impuissance et je vous demande, ô mon Dieu ! d'être vous-même ma Sainteté. »
Pri 6, *Œuvres Complètes*, 962-964

PROPOSITIONS POUR AGIR

– Approfondis la vie des saints en décidant d'avoir regulierement sur ta table de nuit des petites vies de saints accessibles.

– Demande en cadeau des vies de saints et de témoins de l'Évangile.

– Fais une liste des trois qualités chrétiennes que Dieu t'a données. Rends grâce et mets-les en œuvre dès maintenant.

PRIÈRE

Seigneur Jésus, la sainteté de ma vie ne consiste pas dans mes paroles, mais dans l'accomplissement parfait de la volonté de Dieu, chaque jour. Je ne recherche aucune charge, aucune satisfaction, je ne demande ni souffrance, ni consolation ; tout ce que le Seigneur m'envoie, c'est la route que je suis, la route de la Confiance et de l'Abandon. Je vis dans la Sainte Volonté de Dieu comme le petit enfant dans le sein de sa mère. Avec mes mains qui nettoient les marmites, j'ai le pouvoir de sanctifier le monde entier. Qui suis-je ? Un témoin de ton Amour qui vit dans la foi. Amen !

3

Avec Van, apprendre à prier

« Maître, apprends-nous à prier » (Lc 11, 1). Cette demande faite par les apôtres à Jésus a de quoi nous dérouter. Nous pourrions croire que la prière va de soi dans un contexte aussi religieux que celui du judaïsme, dans le Ier siècle de notre ère. Beaucoup d'aspects de la religion sont cadrés, alors qu'ont-ils, ces apôtres, à vouloir aller plus loin que ce qu'ils ont reçu ? La réponse se trouve dans la personne de Jésus qui apporte une nouveauté. La prière du *Notre Père*, bien que traditionnelle sur certaines demandes, fait une synthèse tout à fait chrétienne de la relation homme-Dieu, plaçant notamment la paternité divine à la base de tout.

Si les apôtres ont fait cette demande, il est tout à fait légitime que nous nous posions des questions sur la prière. Chercheurs de vérité, chercheurs de Dieu, nous trouvons dans l'Évangile de nombreuses pistes pour prier comme Jésus l'a enseigné et nous sentons bien que la prière du *Notre Père* n'est que la pointe émergée de l'iceberg. La foi chrétienne nous ouvre un monde immense d'intériorité et de relation qu'il est nécessaire de creuser pour répondre authentiquement au projet de Dieu sur nous.

Van, lui, par sa vocation de religieux, a la grâce d'approfondir cela au fil de sa courte vie. Il devient en quelque sorte un « professionnel » de la prière. D'abord parce que son rythme de vie lui permet d'y consacrer beaucoup de temps. Le temps de noviciat est la période par excellence où, comme jeune religieux, il multiplie les exercices spirituels : oraison, adoration, méditation, angélus, chapelet, messe et autres dévotions en tout genre. Ensuite parce qu'il a la chance d'être accompagné par un père spirituel attentif et une grande sœur spirituelle, sainte Thérèse, qui lui apprennent à connaître Dieu spécialement durant ce noviciat.

Alors, la lecture de la vie de Van nous positionne un peu comme la femme cananéenne qui demande à Jésus un soutien pour sa fille (Mt 15, 21-28). À la réponse étonnement négative de celui-ci, la femme demande au moins des miettes pour le bien de sa famille. Certes, Van a reçu la grâce insondable d'être formé comme il l'a été mais nous pouvons en bénéficier aussi, quels que soient notre âge et notre état de vie.

LA PRIÈRE DE L'ENFANCE

Avant de devenir religieux, Van grandit dans un milieu porteur pour sa vie intérieure. Nous l'avons vu en ce qui concerne la sainteté, ses pas dans la vie spirituelle sont plutôt aisés. Et de même que le désir de sainteté est instinctif, de même la vie de prière lui est plutôt facile, la prière entretenant le désir de sainteté et la vie des saints le poussant toujours plus vers la prière.

Tout cela, il le doit en grande partie à sa famille qui, globalement, vit une vie chrétienne intense. La religion est omniprésente dans le village, notamment par les exercices spirituels et la messe quotidienne. La place du curé est essentielle comme chef d'une communauté tout orientée vers le sacré. En famille, c'est sur les genoux de sa mère que les bases de sa vie de prière sont posées :

> « En peu de temps, ma mère m'apprit à réciter par cœur le *Notre Père*, le *Je vous salue Marie* et le *Gloire au Père*. Puis elle m'initia à la récitation du chapelet ; et à partir du jour où je sus dire cette prière, selon son propre témoignage, je devins de plus en plus sage et doux. Ma mère disait encore : "Quand il était triste ou malade, il m'invitait à réciter le chapelet en guise de consolation[1]." »

1. Aut 12

Van, dont le nom signifie « prière », est bien lancé. Pas de coucher sans prière du soir et pas de lever sans prière matinale. Ce n'est pas pour lui un poids mais une joie. C'est son écosystème, celui où il grandit comme un poisson dans l'eau. Les éléments décisifs sont ses « éducateurs » qui le tirent vers le haut. Ainsi écrit-il :

> « Ma grand-mère maternelle [...] avait une bonté très bien réglée. Elle m'aimait de tout son cœur, mais jamais elle ne fit rien de nature à me rendre trop prétentieux. Étant très vertueuse, d'ordinaire, quand elle me rencontrait, elle s'informait uniquement de ma santé spirituelle. Elle me demandait par exemple : "Allons, Van, as-tu été bien sage ? Sais-tu faire le signe de la croix ? Quelle prière connais-tu par cœur ? De qui sommes-nous les enfants ? Où est notre patrie ? Est-ce que tu aimes la Sainte Vierge[2] ?" »

Quelle chance Van a-t-il de recevoir un enseignement verbal si fort et un témoignage à contempler qui le marquera toute sa vie ! Il est évident que ce que nous recevons dans l'enfance façonne durablement notre comportement. Van peut nous rendre un peu jaloux, si nous n'avons pas eu cette grâce dans les premières années de notre vie. En ces temps de crise de la transmission, les « parents » de Van sont eux

2. Aut 25

aussi des témoins qui nous poussent être attentifs à ce que nous donnons aux plus jeunes.

Quel que soit notre âge, même jeune, nous ne devons pas prendre à la légère cet enseignement car, d'une manière ou d'une autre, tous les chrétiens sont appelés à transmettre la beauté de la vie de prière. C'est en nous mettant à l'école de Van que nous pourrons donner à notre tour.

DE LA LÉGÈRETÉ À UNE AFFAIRE « SÉRIEUSE »

Cependant assez vite, Van va tomber sur la rigidité de ceux qui représentent une institution. Si, pour Van, la famille est comme un lieu de souplesse pour apprendre, l'Église, comme lieu de prière communautaire, l'enferme à bien des égards. Il se trouve ainsi sans cesse contraint de réciter des prières toutes faites, et empêché d'avoir une prière spontanée. Sa vie intérieure s'en voit freinée par des préceptes obtus.

Cette pédagogie de la prière à laquelle Van a du mal à se soumettre, trahit en réalité une vision un peu mercantile des rapports de l'homme à Dieu : de l'avis de ses catéchistes, et de certains confesseurs, il faut préférer les formules à ces choses qu'on appelle « voix du cœur », car, disent-ils : « Si jamais cela existe, ce n'est que plus tard, au ciel, qu'on pourra s'entretenir intimement avec Dieu de cette manière. Sur terre, toujours il faut réciter beaucoup de prières pour être compris de Dieu et recevoir ses grâces[3]. » Van finit par se rendre à l'avis de l'autorité mais voit la flamme de l'amour s'éteindre petit à petit en lui :

> « De là que, dans mes rapports avec Dieu, j'ai perdu tout mon naturel, car chaque fois que je m'entretenais avec lui, au lieu de dire : "Mon Dieu je vous aime beaucoup", je devais réciter cette formule : "Mon Dieu, je vous aime de tout mon cœur, de toutes mes forces...", comme s'il s'agissait de lire un texte de méditation. C'est pourquoi toujours je sentais qu'il y avait une lacune dans ma manière d'aimer[4]. »

Cette conception erronée de la vie spirituelle se manifeste particulièrement le jour de sa première communion. Van raconte :

> « En recevant Jésus, tous mes désirs ont été comblés ; cependant je pense que s'il m'avait été donné de lui exprimer librement mes intentions, j'aurais été plus heureux encore. Mais on m'a obligé, comme beaucoup d'autres enfants, à réciter des prières d'action de grâce déjà toutes faites. De là que la joie d'un entretien cœur à cœur a été interrompue, et que Jésus présent dans notre âme n'a

3. Aut 572
4. Aut 90

> plus entendu que des prières qui ne s'harmonisaient pas avec les sentiments intimes de chacun[5]. »

On sent bien que Van a subi une morale fermée sur elle-même plutôt qu'une religion de la relation. Certes, cela n'a pas empêché l'Église de vivre, mais cela a certainement contribué à limiter les fruits qu'elle pouvait donner. Les jeûnes et mortifications comme éléments importants de la vie chrétienne ont également pu éloigner les chrétiens d'une foi lumineuse.

Ainsi Van, revenant dans son village deux ans après ses vœux temporaires, et fort de ce qu'il avait reçu de sainte Thérèse, a la liberté de juger la prière de sa paroisse :

> « J'ai constaté que dans l'église de ma paroisse on suivait toujours les coutumes anciennes sans presque aucun changement. On récitait beaucoup trop de prières ; cela durait une heure entière. Le vendredi soir surtout, la prière se prolongeait au-delà d'une heure, car on y faisait le chemin de la croix selon une formule compliquée et récitée très lentement.
>
> Pour les adultes, cette méthode n'avait pas tellement d'inconvénients ; mais pour les enfants, cet exercice de piété était nuisible et pour leur esprit et pour leur santé. Mieux aurait valu les exercer à adresser à Dieu [...] l'une ou l'autre courte prière capable d'élever leur âme à Dieu, puis les renvoyer

5. Aut 88

> à la maison pour jouer. Cela aurait été plus sage que de les obliger à assister à un exercice de piété interminable, qui n'était pas de nature à leur faire aimer l'église. Au contraire, les enfants redoutaient de plus en plus d'avoir à aller à l'église, même pour une visite à Jésus[6]. »

Ce sont ces mêmes habitudes dans de nombreux endroits de France qui ont rebuté beaucoup de chrétiens par le passé. Le dimanche, on enchaînait messe, vêpres et complies si bien qu'il n'y avait là souvent pas beaucoup de repos dominical et l'on perdait le sens profond du dimanche au profit d'exercices spirituels à « faire ». Ce sont bien souvent les enfants qui en ont subi les conséquences dans leur vie de croyants. Cela peut expliquer en partie la désaffection dans la vie de l'Église.

Cette histoire de la vie religieuse nous pousse à être attentifs à nos pratiques d'aujourd'hui en évaluant de façon renouvelée notre vie de prière et les exercices de piété, afin de dénoncer ce qu'il y a de formalisme dans nos attitudes. Même à ton jeune âge, de mauvaises habitudes peuvent être prises. Il suffit de jauger, dans les milieux chrétiens, de quelle façon sont parfois dits les temps de prières avant de passer à table : ceux qu'on appelle « bénédicités ». Ils ne sont parfois que du mauvais folklore bâclé dont les textes ne veulent plus rien dire. Sur ce point, mieux vaut un chant ou une simple prière spontanée de celui qui accueille, plutôt que « du vent »

6. Aut 909-910

pour paraître. Ces réflexions sur la vie de Van peuvent irriguer chacun des moments de notre vie chrétienne.

APPRENDRE À PRIER AVEC SINCÉRITÉ À L'ÉCOLE DE THÉRÈSE

Comme pour la conception de la sainteté, c'est Thérèse qui va libérer Van du poison inoculé dans son cœur par des catéchistes ignares. Certes, avant cette fameuse rencontre de Quang Uyen en octobre 1942, Van porte une intuition :

> « Je n'avais jamais entendu personne me parler d'une intimité toute spontanée dans les rapports avec Dieu. Cependant au fond de mon cœur, je pensais que l'âme peut être intime avec Dieu en utilisant toutes les manières de lui exprimer son amour, qu'elle peut s'entretenir avec lui en employant n'importe quelles paroles ordinaires selon ses besoins et les circonstances. Naturellement, il n'est pas inutile de réciter des prières ; cependant il arrive que ce ne soit pas aussi profitable qu'une conversation de l'âme s'entretenant doucement avec Dieu en des termes jaillis tout spontanément de son cœur[7]. »

7. Aut 89

Pourtant c'est Thérèse qui va véritablement faire sauter le barrage fait à la grâce en lui disant ces paroles déterminantes qu'on peut considérer comme pivot de la vie de Van :

> « Offre à Dieu ton tout petit cœur. Sois sincère avec lui en toutes circonstances et en toutes tes attitudes. Lorsque tu éprouves de la joie, offre-lui cette joie qui dilate ton cœur, et par là, tu lui communiqueras ta joie. Peut-il y avoir bonheur comparable à celui de s'aimer l'un l'autre, et de se communiquer tout ce qu'on possède ? Agir ainsi avec Dieu, c'est lui dire un merci qui lui plaît davantage que des milliers de cantiques émouvants. Si, au contraire, tu es envahi par la tristesse, dis-lui encore d'un cœur sincère : ô mon Dieu, je suis bien triste ! Et demande-lui de t'aider à accepter cette tristesse avec patience. Crois bien ceci : rien ne fait autant plaisir au bon Dieu que de voir sur cette terre un cœur qui l'aime, qui est *sincère* avec lui, à chaque pas, à chaque sourire, comme aussi dans les larmes et dans les petits plaisirs d'un instant.
>
> Maintenant, petit frère, il y a peut-être encore une chose que tu redoutes ; aie la patience de m'écouter pour t'y exercer, et tu en prendras l'habitude. Voici : quand tu parles au bon Dieu, fais-le en toute *sincérité,* comme si tu parlais avec ceux qui t'entourent. Tu peux lui raconter tout ce que tu veux ; lui parler du jeu de billes, de l'ascension d'une montagne, des taquineries de tes camarades ; et s'il t'arrive de

> te mettre en colère contre quelqu'un, dis-le aussi au bon Dieu en toute sincérité. Dieu prend plaisir à écouter, bien plus, il a soif d'entendre ces petites histoires dont les gens sont trop avares avec lui. Ils peuvent sacrifier des heures à raconter des histoires amusantes à leurs amis, mais quand il s'agit du bon Dieu qui a soif d'entendre des histoires semblables, au point de pouvoir en verser des larmes, il ne se trouve personne pour lui en raconter. Désormais, petit frère, ne sois pas avare de tes histoires avec le bon Dieu. N'est-ce pas[8] ? »

Il faut souligner le maître-mot de ces enseignements. Il s'agit de la sincérité ! Être soi pour avoir une relation authentique à Dieu. Dieu connaît notre cœur et tout notre être, il n'a pas besoin de nous voir inventer des attitudes qui ne reflètent pas la vérité. Il veut être notre confident et même notre ami. On se souvient que Jésus dit aux apôtres que s'il est bien « maître », il veut aussi nous appeler « amis » (Jn 15, 15). C'est ce mot « ami » qui nous permet de comprendre pourquoi Dieu veut que nous lui racontions tout de notre vie.

Van, pour bien comprendre et malgré son adhésion globale au discours de Thérèse, pose tout de même cette question :

> « – Mais, sainte sœur, Dieu connaît déjà absolument toutes ces choses ; qu'est-il encore besoin de les lui raconter[9] ?

8. Aut 599-601
9. Aut 601

> – Petit frère, pour consoler le bon Dieu, suis mon conseil : ne sois jamais avare dans les choses dont je viens de te parler. Sois toujours prêt à lui offrir ton cœur, tes pensées et tous tes actes ; en les accueillant, ce sera pour lui comme accueillir un nouveau paradis où toute La Trinité trouve ses délices. Rappelle-toi ceci : bien qu'il soit Dieu, notre Père du ciel ne méprise jamais les petites choses. Il prend plaisir aux choses apparemment insignifiantes comme aux spectacles les plus grandioses, car tout cela est l'œuvre merveilleuse de son Amour[10]. »

Plus tard, durant le début de son noviciat, c'est Jésus lui-même qui confirmera les paroles de Thérèse :

> « Je ne recherche pas comme les gens du monde les propos élégants ; seules les paroles enfantines sortant d'un cœur aimant ont le don de charmer mon oreille. Et toi, mon enfant, agis toujours ainsi, car je trouve beaucoup de charme dans les paroles que tu m'adresses ici ; jamais je ne me lasse de les écouter[11] »

Comprenons-nous que notre vocation de fils et de fille a pour but de glorifier Dieu, de « lui faire plaisir » pour reprendre une expression de sainte Thérèse ? Comprenons-nous

---

10. Aut 603
11. Col 6

que nous avons le pouvoir, par la prière toute simple, de créer « comme un nouveau paradis » ? Rien de moins. Dieu quémande notre amour comme un époux à son épouse. Une fois qu'il nous a rencontrés, son cœur peut se donner à nous et nous recevons l'amour. Comme Dieu est Amour, son seul désir découlant de son Être est de se donner. Osons ces mots : Dieu qui est parfait, est parfaitement ce qu'il est en conversant avec nous. La prière, c'est permettre à Dieu et à nous-même d'être ce que nous sommes.

LA PRIÈRE, LIEU DE L'INTIMITÉ

La sincérité que Van exprime dans sa prière avec Jésus manifeste un autre aspect de la vie de prière : l'intimité. La confiance donnée dans des paroles authentiques amène un rapprochement qui pousse à l'union des cœurs. Cette union donne le bonheur de se connaître et de se parler simplement. Ainsi, les confidences dans la prière manifestent un amour qui va plus loin que la simple amitié. Elle révèle quelque chose d'un amour d'époux à épouse.

Cette intimité est manifestée par exemple, dans cet échange entre Jésus et Van, appelé ici par son nom religieux, frère Marcel :

> « Oh ! Petit Marcel, aime-moi. Marcel, appelle-moi ton petit Époux ; appelle-moi le papillon posé sur

> la petite fleur de ton âme pour en aspirer le miel et jouir de son parfum ; appelle-moi encore l'avion qui t'emporte et te fait évoluer dans l'amour sans fin... Oui, Marcel, donne-moi tous ces noms[12]. »

Ces mots très intimes confirment que l'amour ne peut se contenter de prières toutes faites. Le cœur trouve des images pour approcher de ce qui se vit dans la relation. En les lisant, ne les regardons pas de manière extérieure mais soyons sûrs qu'elles nous sont aussi adressées, même si Dieu peut en trouver d'autres quand Il parle à notre cœur.

Et nous, répondons à l'amour de Dieu par des oraisons jaillies de notre cœur. Phrases courtes et pleines d'élan, dites dans le temps d'une expiration. Phrases qui peuvent être imagées. Van, lui, reçoit ce conseil de la part de Marie dans les *Colloques* :

> « Les prières et oraisons jaculatoires que tu peux réciter de vive voix, récite-les. Sinon, contente-toi d'y penser et de les offrir à Jésus, et cela suffit. C'est là une méthode que t'a enseignée ta sœur Thérèse ; l'aurais-tu déjà oubliée ? Continue donc à suivre cette méthode[13]. »

Marie ne fait rien d'autre que reprendre des enseignements traditionnels que Van a appris par ailleurs, notamment

12. Col 200
13. Col 284

dans la « retraite préparatoire au noviciat ». Enseignement que nous retrouvons dans l'ouvrage *Autres Écrits*, de Van, où il est dit que ces courtes oraisons sont :

- comme la respiration de l'âme,
- comme des flèches brûlantes lancées de notre cœur vers Jésus.

Elles contribuent à notre sanctification et à la correction de nos défauts.

Nous comprenons donc que la prière enseignée à Van n'a rien de compliqué. Et si, malgré tout, cela devait encore paraître impossible, Marie enseigne à Van ceci : « Offre aussi au petit Jésus tes respirations comme autant d'actes d'amour[14] ».

Peut-on faire plus simple ?

L'esprit de la prière ayant été donné par Thérèse, les éléments plus concrets de cette prière trouvent un positionnement harmonieux. Van va ainsi nous montrer, dans le prochain chapitre, de quelle façon « vivre la prière », de tout son corps, de tout son cœur, de tout son esprit et de toute son âme.

---

14. Col 256

PAROLE DE DIEU

« Voici qu'une Cananéenne, venue de ces territoires, disait en criant : "Prends pitié de moi, Seigneur, fils de David ! Ma fille est tourmentée par un démon." Mais il ne lui répondit pas un mot. Les disciples s'approchèrent pour lui demander : "Renvoie-la, car elle nous poursuit de ses cris !" Jésus répondit : "Je n'ai été envoyé qu'aux brebis perdues de la maison d'Israël." Mais elle vint se prosterner devant lui en disant : "Seigneur, viens à mon secours !" Il répondit : "Il n'est pas bien de prendre le pain des enfants et de le jeter aux petits chiens." Elle reprit : "Oui, Seigneur ; mais justement, les petits chiens mangent les miettes qui tombent de la table de leurs maîtres." Jésus répondit : "Femme, grande est ta foi, que tout se passe pour toi comme tu le veux !" Et, à l'heure même, sa fille fut guérie » (Mt 15, 22-28).

CE QUE NOUS DIT THÉRÈSE

« Pour moi la *prière*, c'est un élan du cœur, c'est un simple regard jeté vers le Ciel, c'est un cri de reconnaissance et d'amour au sein de l'épreuve comme au sein de la joie ; enfin c'est quelque chose de grand, de surnaturel qui me dilate l'âme et m'unit à Jésus. »

Histoire d'une âme, Ms C 25r-25v.

PROPOSITIONS POUR AGIR

- Creuse pour savoir ce que disent les saints et l'Église sur la prière et l'ensemble des points de la doctrine chrétienne, afin de ne pas être influencé par les modes du moment. Pour cela, lis le *Catéchisme de l'Église catholique* qui donne de bonnes bases.

- Comme Van, trouve des noms doux et affectueux à donner à Dieu.
- Note le top 3 des personnes qui t'ont appris à prier ou qui sont des modèles de prière pour toi. Rends grâce à Dieu. Imite-les.
- Respire lentement pendant 2 minutes et offre à Dieu ces grâces de la respiration.
- Invente des phrases courtes et pleines d'élan qu'on peut dire dans le temps d'une expiration.
- Apprends à raconter ta vie à Jésus avec des mots simples. Rends-lui compte des heures de la journée qu'il t'a données.

PRIÈRE

Seigneur Jésus, passant sur cette terre, tu nous as montré comment parler à ton Père.

Apprends-moi à prier avec simplicité et sincérité, en ne lui cachant rien et en sachant que tout l'intéresse de ma vie.

Merci de m'apprendre à être un fils (une fille)

Attendu(e) et guetté(e) par un père plein d'amour

qui ne sait qu'aimer et désirer être aimé en retour.

Amen !

4

Avec Van, vivre la prière

Tout, dans les écrits de Van, nous révèle que la prière est le lieu de la relation avec le Bien-aimé. Nous avons compris que Dieu s'accommode de toutes les formes d'amour et que le cœur sincère est le fondement de cette relation.

Une fois cela posé, nous voyons que Van ne fait pas d'angélisme, reconnaissant sa dimension incarnée, c'est-à-dire d'« être de chair ». Il ne s'évade pas dans une relation purement spirituelle ou intellectuelle car il sait que Dieu nous a mis dans le monde avec un corps qui est un trésor et qui contribue à aller vers Dieu et à lui signifier notre amour.

C'est pourquoi nous le voyons vivre toutes les formes de prière proposées par l'Église, cette multiplicité de moyens qui vont de la liturgie à l'oraison, de la prière spontanée dans les évènements les plus anodins de la journée à des processions enfantines improvisées avec des amis. Pour Van, tout est prière car Dieu est à côté de lui à chaque instant. Il vit ces moyens dans un esprit filial et dans la confiance en sa mère l'Église qui, avec la sagesse d'une vieille dame, sait proposer à ses petits-enfants les moyens du Salut.

Pour nous qui voulons avancer sur le chemin de la perfection chrétienne, tout ce que Van donne à voir nous aidera à ajuster notre vie de chrétien en nous laissant influencer par lui.

LES PRIÈRES APPRISES ET RÉCITÉES

Paradoxalement, Van ne refuse pas de réciter des prières toutes faites. Il prie évidemment avec des prières apprises par cœur, à commencer par le chapelet qui est sa prière préférée, mais ces prières sont avant tout un tremplin vers une relation personnelle avec son Seigneur.

> « Naturellement, il n'est pas inutile de réciter des prières ; cependant il arrive que ce ne soit pas aussi profitable qu'une conversation de l'âme s'entretenant doucement avec Dieu en des termes jaillis tout spontanément de son cœur[1]. »

Il reconnaît donc un ordre d'importance dans les types de prière. Il n'oublie pas non plus qu'un enfant doit pouvoir recevoir une base, quel que soit le domaine, pour ensuite voler de ses propres ailes. Il a besoin d'accueillir et de voir, pour

1. Aut 89

essayer et construire à son tour ses propres référentiels, ses propres « rituels », avec la liberté et la créativité qui caractérise l'être humain. À ce sujet, nous nous souvenons peut-être de la prière dite du *Magnificat*. Marie rencontrant sa cousine Élisabeth, exulte de joie en lui annonçant qu'elle attend le Sauveur. Les mots sont mis en forme à sa manière, mais certains viennent de l'Ancien Testament[2] qu'elle a médité durant sa jeunesse. Il est erroné de croire que nous pouvons être une génération spontanée. Nous venons de quelque part et ceux qui nous précèdent ont bien quelque chose à nous apprendre.

Jésus, Marie et Thérèse sont d'ailleurs pour Van comme des *coachs* de vie spirituelle. Ils lui demandent régulièrement de réciter de courtes formules de prière. Souvent, c'est pour les prêtres ou pour la France, mais aussi pour les pécheurs. La prière va évidemment toucher le cœur de Dieu mais elle va aussi façonner le cœur de celui qui la récite. C'est là l'utilité d'être malléable à ce qui ne vient pas de nous. Pour nous, à l'école de Van, cet exercice de prière répétée demande beaucoup d'humilité surtout quand il s'agit de reconnaître les prières reçues par la tradition de l'Église. Bien sûr, beaucoup de ces prières peuvent nous laisser indifférents mais nous savons que le réservoir regorge de pépites dont on peut se servir copieusement.

2. Pour aller plus loin, voir « Les références bibliques dans le Magnificat » sur le site www.mariedenazareth.com (onglet « Encyclopédie mariale »).

Au mois de décembre 1946, peu après ces vœux temporaires, Van reçoit par exemple cette prière :

> « Ô Jésus, fais comprendre à tous les Français et à tous les Vietnamiens qu'ils ne doivent former qu'un seul cœur, afin que les deux pays puissent jouir ensemble d'une paix véritable, basée sur ton Amour. »

La spontanéité des désirs de Van est donc à nuancer. Oui, il aime parler à Dieu avec ses propres mots mais il sait aussi grandir avec la richesse que sa Congrégation lui propose. Le bréviaire et toute la liturgie sont à ce titre symptomatiques d'une prière reçue de l'Église et nourrissante pour le chrétien qui devient un fils et un frère, dans un esprit commun, un esprit de famille.

Alors bien sûr, ceux d'entre nous qui ne sont pas religieux, ne sont pas tenus comme Van de vivre l'intégralité de ces formes de prières. Toutefois, nous pouvons les découvrir en nous associant aux différents groupes chrétiens qui nous initieront à la beauté des prières chrétiennes. Ces prières communautaires à côté d'une légitime prière personnelle nourriront et feront explorer des horizons inattendus. Parmi elles, la redécouverte de la « liturgie des heures[3] » est en bonne place pour notre sanctification.

3. La liturgie des heures est la succession de prières tout au long de la journée, appelé « offices ». Ils sont traditionnellement priés par les prêtres et consacrés. Les laïcs peuvent s'y associer.

SE METTRE À L'ÉCART POUR ENTENDRE DIEU

Van nous apprend à prier toujours et partout. Nous ne sommes limités par aucun espace. Une prière confiante et aimante peut jaillir dans le métro, durant un cours ou même lorsque nous sommes allongés sur un lit. Cependant, en lisant attentivement la vie de Van, nous le voyons qui imite Jésus priant à l'écart (Lc 9, 18). C'est que Dieu mérite aussi que nous prenions la décision de s'arrêter pour Lui, de se concentrer pour Lui, de Lui consacrer du temps, de laisser le monde pour Lui. D'ailleurs, c'est un commandement de Jésus : « Quand tu pries, entre dans ta chambre » (Mt 6, 6).

Nous pouvons le comprendre au sens figuré mais aussi au sens propre. Évidemment, nous pouvons parler à Dieu partout. Cependant, nous sommes plus disposés à l'entendre, à capter le message quand nous sommes effectivement seuls, dans un environnement porteur. Les apparitions ont lieu en général dans des lieux à l'écart. Et même si nous ne nous sentons pas une vocation de « voyant », c'est bien en retrait du monde que nous avons le plus de chance d'entendre Dieu nous parler. C'est bien ce qui est arrivé à Van, à qui Thérèse a communiqué la richesse de son enseignement, dans la nature, en dehors du village de Quang Uyen, au fin fond du Vietnam.

On me dira peut-être que je ne parle pas ici de chambre. Voici que j'y viens.

L'*Autobiographie* de Van révèle combien son arrivée en communauté à l'âge de 16 ans est marquante. Il se réjouit car, comme Thérèse, il ne souhaite pas attendre. Après avoir patienté durant 3 mois dans un grenier à riz, vivant avec un vieux serviteur, le voici qui découvre sa chambre le 17 octobre 1945.

Van nous livre son impression et ses sentiments à ce sujet. Entrant dans sa chambre, il regarde les images collées au mur et goûte le regard de Marie. Il sait alors que ce lieu sera important :

> « Ce regard exprimait un amour ardent, mais que d'efforts il lui coûtait ! Les saints représentés par les quatre images en papier avaient tous les yeux fixés sur moi. Notre-Dame du Perpétuel-Secours surtout me regardait avec amour, comme si elle suivait mes moindres mouvements dans cette chambre. Je sentais dans son regard comme une force qui m'attirait et me protégerait contre les dangers et la tristesse. Après ces regards attentifs sur les murs de ma chambre, elle est devenue aussitôt pour moi un lieu de ferveur. Je me suis senti à l'instant tout à fait réconforté, et je pensais : je ne suis pas seul dans cette chambre ; toute une famille y habite dans l'intimité et la charité, le regard fixé sur moi avec la plus tendre affection. Je poussai de nouveau des cris de joie, mon cœur se mit à battre plus fort, et des larmes, goutte à goutte, coulèrent doucement

> de mes yeux. Je pleurais parce que je me sentais aimé. Il me vint encore cette pensée : « Plus tard, j'aurai certainement à beaucoup lutter contre la souffrance ; mais dans cette chambre, je trouverai des mains invisibles et des regards caressants pour me consoler et sécher mes larmes. » Oh ! Quel bonheur ! Quelle joie surabondante ! Désormais l'Amour sera l'unique trésor de ma vie[4]. »

Van a une bonne intuition car c'est bien dans cette chambre qu'il relatera ses *Colloques* avec Jésus, Marie et Thérèse. C'est également dans une chambre qu'il rédigera patiemment l'histoire de sa vie, l'histoire de son âme. Il ne le peut que parce que cette pièce est un endroit préservé de l'esprit du monde. Il y veille dans un esprit religieux et chrétien.

C'est aussi dans sa chambre que Van digère l'émotion que suscite la nouvelle de la conversion de son père. Voilà des années qu'il prie pour cela :

> « Après avoir appris cette nouvelle, j'entrai aussitôt dans ma chambre, je me jetai à genoux devant mon crucifix et je fondis en larmes. C'était des larmes d'émotion, de joie et de bonheur[5] [...] »

Nous voyons combien cet espace personnel, pour celui qui a la chance d'en avoir, peut être un lieu d'intériorité.

4. Aut 795-796
5. Aut 852

Je dis bien « peut », car je sais quelle lutte il faut mener en notre temps pour ne pas être envahi partout par les écrans. Ces derniers, malgré leur utilité, ont le fâcheux désavantage de nous disperser. En laissant les écrans entrer dans les chambres, il devient héroïque de décider de prier et de prier autant qu'on le voudrait, tant la tentation est forte d'y retourner.

À ce sujet, nous pouvons suivre le conseil de Bertrand Monnier qui, dans son livre sur les jeux vidéo[6], propose les « 4 pas » dont l'un est : « Pas d'écran dans la chambre ». Ce conseil judicieux nous aidera à favoriser notre vie intérieure.

À la suite de Van, même si nous ne sommes pas religieux, décidons de faire de notre chambre un endroit préservé. Nous sanctuarisons bien des plages et des montagnes pour sauver les écosystèmes. Nous pouvons donc choisir de faire de notre chambre un lieu de prière, de lecture ou d'écriture pour préserver notre intimité avec le Christ. Et n'hésitons pas à prendre régulièrement le temps d'écrire nos intuitions dans un cahier qui sera un objet utile pour inscrire les grâces reçues et, pourquoi pas, discerner notre chemin. Tous les écrits de Van nous montrent la fécondité de ces temps de relecture de vie.

Je souhaite en tout cas que chacun fasse l'expérience au moins quelques jours d'une retraite dans un monastère pour

---

6. *Les Dix Commandements des jeux vidéo*, père Bertrand Monnier, Salvator, 2022.

comprendre combien la chambre est savoureuse pour la vie spirituelle.

TABERNACLE ET VISITE AU SAINT-SACREMENT

Il existe une autre façon de se mettre à l'écart, c'est de visiter Jésus au Saint-Sacrement. Il y est présent et il est vrai que les tentations, dans une église ou une chapelle, sont moins grandes qu'à la maison.

Van goûte la présence de Jésus dans l'hostie exposée sur l'autel dans son village natal. Il s'y rend régulièrement et est comme aimanté par son divin ami. Au point d'être fidèle et ponctuel. Il relate ainsi :

> « Une autre faveur que j'ai demandée à la Sainte Vierge et qui m'a été accordée d'une façon très évidente, c'est de ne jamais permettre que j'arrive en retard à l'église pour les exercices de piété. Ma mère a été bien étonnée de cette faveur à laquelle je ne comprenais rien moi-même ; et elle a dû avouer : « Chose très étrange, il était passionné pour le jeu au point de lui sacrifier même un repas ; et pourtant quand approchait l'heure du premier son de cloche, je le voyais revenir ; il me demandait de lui laver la figure et de l'habiller pour aller

à l'église, et cela invariablement tous les jours. Parfois aussi ne sachant en quel endroit il s'amusait, je me demandais où aller le chercher ; mais quand je le voyais arriver, je savais que l'heure de la visite au Saint-Sacrement approchait[7]. »

Par la suite, notamment enfant, c'est plutôt comme vers un refuge qu'il se dirige vers le tabernacle quand il est persécuté dans la cure de Huu Bang : « Dans cette cure aux mœurs dépravées, il n'y avait que Jésus au Saint-Sacrement qui fut pour moi un exemple vivant à imiter[8] ». Et plus loin : « Jésus au Très-Saint-Sacrement était mon unique ami ; jamais mon cœur aimant ne s'éloignait de lui[9] ».

À d'autres moments, c'est pour recevoir un conseil de Jésus qui lui parle clairement dans le secret de son âme. Comme ici à Quang Uyen :

> « Un soir, à l'heure de la visite au Saint-Sacrement faite en particulier, alors que j'étais recueilli, méditant sur le Verbe Incarné caché sous les apparences du pain, comme on le décrit dans les livres, soudain mon esprit fut envahi par une pensée étrange qui me fit perdre toute la douceur que je goûtais en présence de Dieu ; une pensée qui m'incitait à devenir un saint. Ah ! Devenir un saint[10] ? »

7. Aut 45-46
8. Aut 172
9. Aut 173
10. Aut 564-565

C'est à la suite de cette prière au tabernacle que Van, retournant à la salle d'étude, se confiant à Marie, ouvre *Histoire d'une âme*, de sainte Thérèse de l'Enfant-Jésus. Jésus ne le laissant pas tranquille, pour qu'il progresse sur son chemin de vie, met dans son cœur ce feu d'amour pour la sainteté.

Auparavant c'est après un Salut du Saint-Sacrement que Van a le courage de s'enfuir de la cure de Huu Bang. Bien plus tard, alors qu'il est au monastère de Saïgon (Sud Vietnam), Van révèle au Père Antonio Boucher, son père spirituel, que c'est également durant une visite au Saint-Sacrement le dimanche 10 décembre 1950, qu'il a ressenti l'appel à remonter au Nord Vietnam dans la communauté de Hanoï, afin d'être, au milieu des communistes, une victime au service de cette ville. Ces désirs de s'offrir, ces élans de générosité, lui viennent dans la prière devant Jésus hostie.

Peut-être sommes-nous perplexes devant tant de révélations faites à Van ! Ne nous y trompons pas. Cela est bien plus courant que nous le croyons. Les lumières viennent à des cœurs disposés à servir. C'était le cas de Van comme de nombreux chrétiens. Je n'ose dire que c'est banal mais, pour qui connaît un peu Jésus, il n'y a pas d'étonnement devant son action dans les cœurs. J'ai moi-même décidé d'entrer au séminaire en vue d'être prêtre pendant une veillée d'adoration du Saint-Sacrement dans ma paroisse. Recevant une parole forte pour le suivre, confirmé par l'embrasement du cœur, j'ai discerné que son appel était bien le sacerdoce.

Ces quelques exemples nous montrent que Dieu guide ses enfants dans la prière. Qui se confie à Lui est éclairé et comprend où aller.

LA PRIÈRE DE DEMANDE

Quand nous regardons Van, nous le voyons concentré dans la prière qui l'aide à avancer sur son chemin de vie. Mais cela le présentera comme égoïste si nous ne mettons pas aussi en avant sa prière pour toutes les personnes qui se confient à lui et même celles qui n'en voient pas l'intérêt. C'était à la fois naturel et en même temps un enseignement de Jésus, Marie et Thérèse. Ainsi, dans les *Colloques* :

> « Le plus nécessaire pour toi, c'est de prier beaucoup, de prier pour le monde... Alors tout sur cette terre sera transformé ; une flamme vivante d'amour se formera dans le monde pour le soutenir. Mon enfant, prie, prie beaucoup pour que le règne de l'amour de Jésus soit solidement établi sur terre dans toute sa beauté, et qu'il en soit de même aussi pour mon propre règne[11]. » De Marie à Van

Van prie pour que vienne le règne de Dieu. Rien de très original puisque c'est la demande de tous les chrétiens dans la prière du *Notre Père*. Toutefois, nous sentons ici qu'il s'agit

11. Col 260

d'un appel pressant dont la lecture ne peut qu'éveiller l'ardeur des chrétiens quand ils disent : « que ton règne vienne ». Oui, « que ton règne vienne », pour qu'une flamme soutienne le monde !

C'est une demande à faire avec insistance. Jésus nous l'enseigne en parlant d'un homme sans-gêne qui vient réveiller son ami en pleine nuit pour accueillir un autre ami (Lc 11, 5-10). Jésus assure : « Demandez, vous obtiendrez. » C'est pourquoi Van prend au mot son Seigneur. Sa prière, même non exaucée, montre sa foi intense. Même dans la nuit de ses épreuves personnelles, il demande. Même dans la nuit de son pays, il demande.

C'est ainsi qu'il prie pour la conversion et le baptême du chef communiste Ho-Chi-Minh (Col 656) ou parle à Jésus avec simplicité de besoins matériels, afin qu'Il pallie ses propres incapacités. Van adresse des mots touchants à Jésus, plein de confiance même pour des affaires de peu d'importance, au vu d'autres éléments de sa vie :

> « Je désire beaucoup que la pluie cesse, afin que ma mère puisse retourner et que demain, jour du lavage, il me soit possible de faire sécher le linge. Si tu laisses la pluie tomber toujours ainsi, impossible de rien faire. Oui, tu dois y veiller, petit Jésus ; pour moi, je ne m'en occupe pas, fais comme tu l'entends[12]. »

12. Col 742

Comme ces mots ressemblent à ceux de Marie alors en fête pour un mariage à Cana ! Elle présente à son Fils la situation, somme toute pas dramatique, pour qu'Il fasse quelque chose dans le quotidien de son peuple. Pour Van, il n'y a pas que les grands évènements qui comptent et il sait que Jésus s'occupe aussi des petites choses.

Le cœur de Van s'ouvre à l'universel lorsqu'il prie pour la France ou lorsqu'il voit la détresse des paysans tiraillés entre Français et Communistes :

> « Vraiment, face à une telle situation, dans mon grand amour pour ces gens-là, j'aurais voulu voler à leur secours, mais comment y parvenir ? Dans mon impuissance, je ne savais que recourir à la prière, cette force spirituelle, pour leur venir en aide[13]. »

Oui, Van veut porter secours à toutes les souffrances dont il entend parler. Ce secours, Jésus le définit comme ceci : « L'unique secours de la prière qui, en ravivant la flamme de l'amour, rendra plus malléable le cœur des ennemis de mon amour[14] ». Il est persuadé que : « c'est grâce à la prière qu'on viendra à bout de toutes les difficultés[15] ».

13. AE 887
14. Col 92
15. Col 101

LES COMBATS DANS LA PRIÈRE

La façon dont Van prie et les enseignements que nous pouvons en tirer sont nourrissants. Toutefois, il n'est pas possible de conclure sans parler de la difficulté que représente la prière. Certaines fois, cela coule de source, d'autres fois, la prière peut sembler être un parcours du combattant. Nous en avons tous fait l'expérience.

Van ne fait pas l'économie de ces combats qui viennent parfois de notre nature humaine ; celle-ci ayant un penchant pour la dispersion. Plus profondément, les saints nous apprennent que le chemin vers Dieu est semé d'embûches et que la prière n'est pas qu'une partie de plaisir. S'il y a une prière de sentiment qui paraît parfois facile, il y a aussi, nous dit Van, une « prière de volonté[16] ». Cette dernière nous maintient au poste de la prière malgré des sentiments de dégoût. Elle nous aide à traverser les épreuves et nous rend plus fécond.

Pour Van, ce combat se manifeste par la rudesse de la fidélité aux demandes de Jésus. N'aimant pas la France, c'est pour lui très rebutant d'adresser à Dieu une prière pour ce pays :

> « Aujourd'hui, la prière pour la France est devenue un point de mon programme quotidien ; et ce malaise persiste, je dois donc chaque fois me

16. Col 260

> faire violence pour prier. Pourtant mon cœur reste sincère, Dieu le sait bien[17]. »

Il y a aussi le désir d'arrêter la prière en raison de l'aridité qui se manifeste par l'ennui :

> « [...] petit Jésus, il y a un instant, pourquoi j'étais si mal à l'aise ? J'ai adoré le Saint-Sacrement pendant une demi-heure seulement et j'ai trouvé cela extrêmement long ; je n'avais qu'une envie : revenir au plus tôt. Je ne comprends pas pourquoi cela. Par contre, au moment de revenir, je regrettais de ne m'être pas bien comporté envers toi. Je te prie de m'excuser. Pardonne-moi, et permets que mon cœur retourne avec toi en présence du Saint-Sacrement, pour y demeurer et t'aimer sans cesse[18]. »

Face à ses difficultés, Van ne se morfond pas. Il sait que la fidélité passe par le retour à Dieu, sans s'inquiéter outre mesure de nos imperfections. Il revient alors doucement à Dieu après s'être humblement confessé de ses manquements. Parfois, c'est Jésus lui-même qui lui inspire l'attitude juste pour continuer à être en sa présence malgré les distractions :

> « Je me rappelle qu'un jour, alors que je n'avais absolument rien à dire au petit Jésus, je ne cessais de le regarder, rempli de dégoût, essayant de

17. Aut 626
18. Col 602

méditer, mais sans savoir comment m'y prendre. Me voyant dans cet état, le petit Jésus m'appela pour m'apprendre une manière de me divertir avec lui. Il me dit d'abord de regarder le banc et il ajouta : "Petit frère, dis : Jésus, je t'aime dans le banc." Il me dit ensuite de regarder tout ce qui se trouvait à l'oratoire et de répéter pour chaque chose : "Jésus, je t'aime dans… la poussière, dans la mouche, dans la vitre, dans le pied du banc, dans la fleur, dans la plante, dans le pot de fleurs, dans la terre que contient le pot, dans l'étagère où il est placé, dans la brique, dans la colonne ; je t'aime dans l'oiseau, dans le chant de l'oiseau, dans la grenouille, dans la rainette blanche, dans le cri de la rainette, dans l'avion, dans l'auto, etc." Pendant que le petit Jésus m'enseignait cette leçon, j'avais bien envie de rire et j'étais très distrait. J'eus alors la distraction suivante : je me disais que s'il m'était donné d'enseigner aux enfants, je ferais telle et telle chose pour les choyer. Alors le petit Jésus, encore une fois, m'invita à dire : "Petit Jésus, je t'aime dans mes petits frères qui s'amusent[19]." »

Avec Van, apprenons à ne pas nous décourager face à notre faiblesse dans la prière. Il nous enseigne à toujours revenir à Dieu même si cela ne paraît pas très conventionnel. Comme dans cette autre astuce que Van raconte lui-même :

19. Aut 535

> « Ma Mère, Marie ! Ce matin, voulant éviter de sommeiller à l'oraison, j'ai inventé le moyen que voici. Après avoir assigné à chaque saint une partie de l'oratoire, j'allai leur faire une visite en compagnie du petit Jésus. Je le faisais intérieurement, avec mon cœur seulement[20]. »

Oui, on peut s'éloigner quelque peu de l'esprit de la prière mais il ne faut jamais couper le fil que Dieu maintient coûte que coûte : « Voici que je me tiens à la porte, et je frappe. Si quelqu'un entend ma voix et ouvre la porte, j'entrerai chez lui ; je prendrai mon repas avec lui, et lui avec moi » (Ap 3, 20).

Ce que Van nous apprend, c'est que la prière chrétienne est soutenue par différents moyens hérités de 2000 ans de christianisme. Certes, ce n'est pas toujours simple mais dans un esprit filial et fidèle, il est possible de croître dans la vie spirituelle. Celle-ci est un échange d'amour avec Dieu qui s'est fait notre ami. Van, qui est de culture asiatique, a totalement intégré le fait que la prière n'est pas une mise entre parenthèses de la vie pour souffler en faisant le vide. Elle est relation ! Ainsi, il rend attentif les chrétiens du XXIe siècle qui seraient tentés par une spiritualité désincarnée, faite de flux d'énergie et de volonté de bien-être. La prière chrétienne, c'est rencontrer et aimer Celui qui nous a aimés le premier en nous mettant dans le monde.

---

20. Col 597

PAROLE DE DIEU

« Jésus prit avec lui Pierre, Jean et Jacques, et il gravit la montagne pour prier. Pendant qu'il priait, l'aspect de son visage devint autre, et son vêtement devint d'une blancheur éblouissante » (Lc 9, 28-29).

CE QUE NOUS DIT THÉRÈSE

« Pourquoi Jésus dit-il donc: « Demandez au maître de la moisson qu'il envoie des ouvriers » ? Pourquoi ?... Ah ! c'est que Jésus a pour nous un amour si incompréhensible qu'il veut que nous ayons part avec lui au salut des âmes. Il ne veut rien faire sans nous. Le créateur de l'univers attend la prière d'une pauvre petite âme pour sauver les autres âmes rachetées comme elle au prix de tout son sang. »

Lettre 135, OC, 449

PROPOSITIONS POUR AGIR

- Durant les mois à venir, sois attentif aux belles prières dans l'Église et fais-en un recueil pour t'aider quand la prière se fera aride.
- Mets sur ton smartphone une appli « liturgie des heures » et fais une pause quotidienne avec cette prière de l'Église.

- Choisis ton lieu de mise à l'écart pour Dieu et vas-y régulièrement.
- Comme Van qui priait pour ses ennemis, prie une neuvaine pour une intention particulière.
- Dans la sécheresse de ta prière et de tes jours, dis dans ton cœur le nom de « Jésus » et accroche-toi à celui qui sauve.
- Choisis de ne plus avoir d'écran dans ta chambre pour préserver un lieu d'intériorité.

PRIÈRE

Seigneur,

je te remercie pour les trésors de spiritualité donnés à ton Église.

Par ton Esprit Saint, les croyants du monde entier trouvent, par leurs génies propres, les chemins qui mènent à toi.

Donne-moi de trouver les formes de prière les plus adaptées à ma personne et permets-moi d'en vivre dans la fidélité.

Qu'aucune lassitude, qu'aucune tentation ne m'éloigne de toi, cœur de ma vie.

Amen !

5

Avec Van, aimer son pays

« Et le Verbe s'est fait chair et il a habité parmi nous. » Cette phrase du Prologue de l'Évangile de saint Jean fait la part belle à l'incarnation. Dieu ne se trouve pas dans les nuages mais dans le concret de nos vies. Oui, il nous attire à Lui mais en faisant le premier pas, en nous rejoignant dans notre pâte humaine. Il descend jusque dans les réalités très matérielles de notre condition humaine. Il a pris un corps, a grandi dans une famille et a été solidaire d'un peuple. À partir de là, il a voulu nous montrer le Ciel qui est notre destination, notre véritable « patrie ».

Pour parvenir au but, Jésus se sert de ce qu'Il a créé qui est infiniment précieux.

Ainsi, pour Van, la prière n'est pas une fuite des réalités créées mais un moyen de mieux les habiter en aimant dans le concret. Lui qui a reçu le privilège d'une vie mystique intense, s'intéresse à tout ce qui fait la vie humaine. Il glorifie

Dieu dans son corps en le mettant au service de ceux qui l'entourent, de Celui qui l'avait créé. « Avec mes mains qui nettoient les marmites, j'ai le pouvoir de sanctifier le monde entier[1] », écrit-il. Avec ses mains, il s'occupe de la taillerie (on y fabriquait les soutanes) pour que ses frères de communauté soient habillés selon les principes de sa Congrégation. Avec ses bras, il sait enlacer sa petite sœur au point de presque l'étouffer tant il veut lui montrer son affection ; enfant, ses pieds le maintiennent sur le buffle qu'il garde pour rendre service ; ses jambes l'entraînent dans la campagne pour gambader et profiter de la beauté de la création.

Van ne fait pas de spiritualisme. À tel point qu'on peut repérer chez lui l'amour d'une réalité humaine que Dieu a voulue pour le bien de ses enfants. Il s'agit de son pays qui est un groupe humain, qui l'aide à croître en humanité.

La patrie, on en parle en avançant à tâtons depuis que des mouvements politiques l'ont idolâtrée ou dévoyée. Pourtant, au regard de l'Évangile et de la Tradition de l'Église, il faut bien reconnaître combien elle est voulue de Dieu pour le bien de ses enfants[2]. La vie et les *Écrits* de Van nous permettront de porter un regard ajusté et peut-être renouvelé sur le sujet.

1. AE, carnet 2, 33
2. Voir par exemple : *Mémoire et identité*, Jean-Paul II, Flammarion, 2005.

ADMIRER SON PAYS

Van est un vrai fils du Vietnam. Pour aimer son pays, on peut dire que Van s'est ouvert à l'histoire et à la géographie du Vietnam (malgré lui car totalement imprégné de ces deux éléments qui l'ont ouvert au réel). Van n'a pas de difficultés à aimer ce pays dont la nature regorge de beautés et dont la culture est multiséculaire.

Avec Van, nous découvrons que pour aimer notre pays, il est important d'ouvrir nos sens et notre intelligence à ce qui en fait la spécificité. Ce n'est pas bien compliqué lorsqu'on est un enfant de la campagne, au Vietnam, dans la première moitié du XXe siècle.

Ainsi Van est nourri de la beauté de la nature qu'il contemple par les rizières de son village ou par les excursions scoutes faites alors qu'il est Cadet de Notre-Dame, au petit séminaire de Langson. Il a 14 ans lorsqu'il part camper dans une ambiance de camaraderie bien différente des moments sombres de la cure d'Huu Bang :

> « Ici me revient le souvenir des jours où nous allions camper. Ah ! Aller camper. Cela me remplit de bonheur et me remet en mémoire toutes les joies de ces inoubliables journées. Aller camper était pour moi la plus douce des retraites. Là, seul avec Dieu, avec mon Chef Jésus, la seule vue des arbres, des montagnes et de toutes les merveilles de la

> nature était pour moi un stimulant à m'unir plus intimement à lui. Plus la fleur était belle, plus la brise était douce, plus l'arbre était vert, plus le torrent mugissait, plus les prés étaient verdoyants, plus aussi mon cœur s'élevait, comme par autant d'échelons jusqu'au plus haut des cieux, et là, j'aimais Dieu, et Dieu m'enveloppait de sa tendresse[3]. »

Voyons-nous le lien entre les trésors que Dieu met à notre disposition dans nos pays respectifs, et notre élévation vers Lui ? Derrière la nature se cache la présence mystérieuse de Dieu. Elle met sur notre route des « signes de piste » qui nous conduisent à Lui. Elle dilate le cœur et nous fait comprendre des choses sur Dieu. Touché par cette nature mise à sa disposition, Van se fait poète :

> « C'est le soir. L'ombre s'étend confuse et silencieuse.
> L'oiseau accablé de tristesse revient d'un inconnu lointain.
> Et moi, blotti en silence dans cette ombre obscure,
> J'ai froid, et je pense à mon ami Jésus[4]. »

Les éléments de la nature rencontrée sur sa terre natale lui permettent d'exprimer ses sentiments. Ainsi, à un autre endroit, « le vent du nord » peut signifier une âme triste et en difficulté. Van a tout d'un passionné qui contemple les dons

3. Aut 533-534
4. AE, Cahier 8, 1

de Dieu comme autant de moyens d'accéder à Lui. Jésus lui-même sut contempler les réalités naturelles de son pays pour louer Dieu et enseigner ses disciples (cf. Mt 13, 31-32).

Avec la nature, il y a aussi l'histoire et les traditions du Vietnam qui rendent Van fier d'être vietnamien. Je ne peux retracer ici l'histoire de ce pays mais il est certain que l'ancienneté d'une culture nourrit chez ses enfants une gratitude de bon aloi. Van y a certainement été initié en se rendant durant sa courte vie dans des endroits très variés tels que son village natal dans la plaine du Delta du Fleuve rouge à quelques dizaines de kilomètres de Hanoï, les montagnes à la frontière chinoise, la fraîcheur de la petite suisse vietnamienne, Dalat, et la grande capitale du Sud Saïgon. Du Nord au Sud, autant de lieux marqués par une riche histoire influencée tour à tour par la Chine, des tentatives d'indépendance, l'influence de religions telles que le bouddhisme et le confucianisme, puis du christianisme. C'est tout cet héritage qui imprègne Van.

LUTTER POUR SON PAYS

Fort de ce bagage, Van observe la situation de son pays dans les années 1930. Il se désole de voir la colonisation française qui ne laisse pas son pays être ce qu'il est. Il pointe du doigt une colonisation qui opprime pour des intérêts économiques. Van arrive à faire la distinction entre ceux qui servent et ceux qui viennent se servir. Les religieux français trouvent grâce à ses yeux car il peut voir leur souci de transmettre ce qui peut construire son peuple : la foi. Par la suite, en 1940, après l'Armistice, ce sont les Japonais qui installent leurs troupes au Nord Vietnam, profitant de la défaite française. Les troupes des deux pays sont présentes en même temps avec un avantage croissant pour le Japon.

D'une manière générale, dès le plus jeune âge, Van éprouve alors une certaine sympathie pour les révolutionnaires qui souhaitent l'indépendance du Vietnam. Il est en même temps tiraillé car, selon l'idée reçue, ce ne sont pas des gens de foi. Lors de sa fugue de la cure de Huu Bang, alors qu'il erre plusieurs jours à Bac Ninh, il est recueilli par une dame catholique dont le mari est affilié au parti révolutionnaire. Échangeant avec le fils de celui-ci, son avis évolue :

> « Je lui posai des questions sur la vie du révolutionnaire, c'est-à-dire sur la vie que menait son père. Grâce à cette conversation, j'ai pu me faire une bonne opinion des révolutionnaires que je considérais jusque-là, selon l'opinion reçue, comme des émissaires de l'Antéchrist, ce qui ne répond pas à la réalité. Les révolutionnaires sont des gens qui aiment leur pays et ont de l'estime pour leurs compatriotes ; mais quand ils voient que leur patrie et leurs compatriotes sont déshonorés et méprisés, ils en souffrent amèrement et cherchent par tous les moyens à les libérer. Pour procurer à la nation cette liberté, ils prennent le parti de sacrifier leur

> liberté individuelle, obligés qu'ils sont de se cacher devant l'envahisseur, et souvent même de sacrifier leur vie pour atteindre leur idéal. Je me sentis soudain pris d'affection pour les révolutionnaires. Je pleurai sur ceux qui étaient morts, bien qu'ils aient poursuivi un but opposé à la religion[5] [...]. »

La colère contre les Français grandit dans son cœur bien que sa foi soit très vive. C'est la colère d'un être blessé face aux injustices. Heureusement, la rencontre avec sainte Thérèse en octobre 1942, lui permet de mûrir et d'apaiser ce qui le taraude. Son sentiment sur les Français, en la rencontrant, est celui-ci :

> « Excuse-moi, ma sœur, si je manque de politesse envers toi ; mais je pense qu'il ne faut jamais prier pour cette bande de diables blancs, et j'ai seulement envie de demander à Dieu que la terre s'entrouvre pour engloutir toute leur race en enfer, comme cela est arrivé autrefois pour les Israélites révoltés contre Moïse. Je demanderais cependant une exception pour les Pères et les Sœurs missionnaires, car je les considère et les aime comme les pères et mères du peuple vietnamien. Quant aux autres Français colonialistes, qu'on les précipite en enfer pour leur apprendre qui nous sommes. Ils sont d'une cruauté diabolique, et considèrent

5. Aut 349

> les Vietnamiens comme une race méprisable, digne d'être écrasée sous leurs talons. Dans leur arrogance, combien de cruautés n'ont-ils pas commises ! Tous sont nés du démon de l'impureté... Arrivé à ces mots, j'étais tellement indigné, que je me mis à pleurer[6]. »

Tandis que Van veut lever l'étendard de la révolte bien qu'il soit tout jeune, sainte Thérèse lui apprend la « tactique de la prière » (Aut 615-616), afin de transformer son cœur et d'obtenir la conversion des cœurs. Elle lui apprend à dire, par exemple :

> « Ô Jésus, veuillez chasser l'homme pécheur du cœur des Français. Je vous en supplie, venez au secours du Vietnam ma chère patrie qui ploie sous le joug de la domination de ces hommes pécheurs. »

À mesure qu'il grandit, Van affine donc son positionnement. La foi lui donne un amour de plus en plus ajusté. Il pleure sur le péché des athées qui vont persécuter les croyants et sur les colonialistes qui oppriment son pays mais il se transforme dans la prière. C'est bien grâce à sainte Thérèse que tout cela est possible.

6. Aut 613

Les sentiments de feu restent pourtant très forts. Il sait bien que sa mission est de prier pour la conversion des pécheurs. Dans une lettre écrite à son père spirituel, il dit :

> « Comment serait-il possible, alors que dans mes lettres ou quand j'ai l'occasion de parler du salut des âmes, j'avoue avoir un cœur capable d'embrasser le monde entier, comment serait-il possible que je ne pense pas aussi au Vietnam, ma patrie ? C'est impossible !... Je veux moi aussi devenir un fier guerrier, un héros sauveur de la patrie. Cependant, je n'aime pas devenir un héros l'épée à la main, un guerrier armé d'un fusil. Je ne veux être qu'un héros animé d'un esprit pénétrant qui lutte pour la réforme de la vie ; je veux être un guerrier puissant qui sait utiliser l'arme de la prière, qui sait sacrifier son corps pour la patrie, en renonçant à sa volonté propre, en menant une vie cachée dans l'amour de Dieu. Par conséquent, les sentiments que j'éprouve aujourd'hui sont les sentiments d'un héros et d'un guerrier catholique, sauveur de la patrie[7]. »

Pour qui connaît les mots que sainte Thérèse met sur les lèvres de Jeanne d'Arc dans la pièce qu'elle écrivit[8], ils résonnent comme une filiation évidente. Van aime son pays au point de vouloir mourir pour lui. Ce qu'il fera effectivement en

7. AE, 28 novembre 1949

8. Pièce nommée *La Mission de Jeanne d'Arc.*

décidant de mettre sa vie en danger, retournant vivre au milieu des communistes après l'invasion du Nord Vietnam par Ho-Chi-Minh. Ce ne fut effectivement pas en prenant les armes qu'il sert son pays mais en étant un humble témoin de l'amour de Jésus.

> « Petit Jésus, comptant sur la force de la prière, je suis décidé, moi aussi, à faire du Vietnam ma patrie, un pays qui t'appartienne, à toi, le Roi d'Amour[9] ».

UNION ENTRE LES PEUPLES

Dans les écrits de Van, la légitime affection pour sa propre patrie est doublée d'une nécessité de communion entre les nations, ce qui confère un esprit d'ouverture à la notion de « patrie ». Cette idée est résumée dans ces paroles que sainte Thérèse adresse à Van :

> « Désormais, petit frère, laisse de côté toute rancune à l'égard des Français ; impose-toi de souffrir et de prier pour eux, afin que se réalise, comme le désire l'Amour, l'amicale rencontre entre la France et le Vietnam. Prie pour que des deux côtés il y ait compréhension et confiance mutuelle, de sorte que, ensemble, les deux pays en arrivent à la paix par les liens de l'amitié. La paix est le signe de

9. Col 728

> l'amour. Quand les deux pays jouiront de la paix, portant ensemble dans la joie le joug de l'amour, alors le règne de Jésus, Roi d'Amour se propagera rapidement, et toi, petit frère, tu porteras le nom d'Apôtre de l'Amour[10]. »

Ainsi le patriotisme est appelé à une ouverture pour la concorde entre les nations. L'amitié entre les peuples n'est pas une fin en soi mais a pour but de voir le règne du Christ s'établir dans les cœurs. On y décèle que le vrai progrès est celui qui consiste à accueillir le Christ, source de tout bien et lumière du monde.

La France et le Vietnam devraient être en quelque sorte le prototype de ce projet de Dieu que beaucoup de textes mentionnent :

> « Ô Jésus, fais comprendre à tous les Français et à tous les Vietnamiens qu'ils ne doivent former qu'un seul cœur, afin que les deux pays puissent jouir ensemble d'une paix véritable, basée sur ton Amour[11]. »

Cette union de la France et du Vietnam s'inscrit dans le projet de Dieu pour les peuples. Elle est prophétique et missionnaire car ces deux pays ont une place privilégiée dans « le concert des nations ». La France est reconnue comme « fille

---

10. Aut 619
11. Col 761

aînée de l'Église » depuis des siècles tandis que le Vietnam a été appelé par le pape Pie XI, en 1933, « fille aînée de l'Église d'Orient ». Nous pouvons donc comprendre l'ineptie de voir ces deux nations se combattre au détriment d'une magnifique mission universelle qui est de transmettre l'Évangile à tous les peuples.

À ce sujet, il est beau de voir que, par leurs nationalités, Van et sainte Thérèse entrent dans ce beau projet de Dieu. À leur échelle, leur rencontre manifeste la complémentarité de deux figures spirituelles marquées par une culture spécifique.

Toutefois, ce sont toutes les cultures qui sont appelées à se laisser façonner par l'Évangile. Ainsi, lors de la naissance de Jésus, à la crèche, cela se manifeste par la venue des mages qui représentent symboliquement toutes les nations. Ils viennent ensemble et témoignent ensemble de la seigneurie du Christ.

LES CONSÉQUENCES DE LA PLACE DE LA PATRIE

Ce que les écrits de Van nous montrent de la patrie est une sorte de troisième voie devant cette réalité. Parmi les jeunes que je connais, et Van n'a pas fait exception, j'ai bien souvent repéré trois tentations (qui évidemment sont antinomiques sur le sujet) : le nationalisme, le mondialisme et la fuite dans le virtuel.

LE NATIONALISME

Il s'agit de l'extrapolation de l'amour juste et charnel qui est dû à son pays. Il divinise bien souvent ce qui n'est qu'une réalité humaine, si belle soit-elle. Très souvent, le nationalisme est une réaction à un désordre et à une injustice. Il me semble que l'excès de la réaction ne doit pas nous fermer les yeux sur les causes qui entraînent cette attitude. C'est en dénonçant le désordre qu'on résout l'excès. Mais cela demande du courage, le dénonciateur risquant d'être considéré comme un loup qui hurle avec les loups. Le positionnement juste est de ne pas « absolutiser » sa patrie en reconnaissant que sa culture est toujours à perfectionner, en prenant ce qu'il y a de meilleur des voisins.

LE MONDIALISME

On pourrait qualifier le mondialisme de belle idée, mais il fait fi du commandement biblique d'honorer son père et sa mère. Il snobe, juge ou condamne tout ce qui est enraciné dans une culture locale et reçu des générations précédentes. Souvent, le discours cache des intérêts particuliers et une volonté hégémonique d'une nation particulière. L'universalisme est bien positif ; reste qu'il tend à dissoudre les spécificités qui sont des richesses humaines. Le pape François rend souvent attentif à la nécessité de défendre ses cultures locales qui sont autant de riches écosystèmes. Bien sûr, l'Évangile pousse à purifier ce qui serait inhumain tout en reconnaissant le génie propre de chaque groupe humain : « Discernez la valeur de toute chose : ce qui est bien, gardez-le » (1 Th 5, 21).

LA FUITE DANS LE VIRTUEL

La tentation la plus récente est certainement une fuite dans le virtuel à un moment de l'histoire à la fois très angoissant et techniquement plein de potentialité. L'écran prend ici une place exponentielle. Tant qu'il est au service de l'humanité, qui est faite de solidarité et de relation, cela semble ajusté. Mais il faut bien constater qu'en pratique, il y a des brisures de lien social par le développement de tous ces mondes. Le *metavers* en est la pointe la plus avancée. Cela questionne car ce lien social aura toujours pour base la corporéité, qui est un élément essentiel de notre humanité. Au moment où l'écologie a le vent en poupe, avec un retour à notre nature propre, au respect du corps, il est intéressant de constater des mouvements contraires.

À ces trois tentations, répondre par l'humble émerveillement de ce qui est reçu de la nature et des cultures est l'attitude la plus bénéfique. En effet, cela nous apprend à regarder plus loin que nous-mêmes, afin de prendre notre juste place dans ce monde. Van et ses amis du Ciel qui l'ont éclairé nous invitent à contempler les merveilles dans notre nation, à lutter pour préserver ce qui est fragilisé et à vouloir une concorde authentique entre nos nations par la réalisation de projets communs pour « l'humanisation de notre humanité ».

PAROLE DE DIEU

Ps 46 (47), 2-3, 6-7, 8-9

Tous les peuples, battez des mains,
acclamez Dieu par vos cris de joie !
Car le Seigneur est le Très-Haut, le redoutable,
le grand roi sur toute la terre.

Dieu s'élève parmi les ovations,
le Seigneur, aux éclats du cor.
Sonnez pour notre Dieu, sonnez,
sonnez pour notre roi, sonnez !

Car Dieu est le roi de la terre :
que vos musiques l'annoncent !
Il règne, Dieu, sur les païens,
Dieu est assis sur son trône sacré.

CE QUE NOUS DIT THÉRÈSE

« Je dis qu'avec bonheur je partirais pour le Tonkin si le bon Dieu daignait m'y appeler. Cela vous surprendra peut-être, n'est-ce pas un rêve en effet qu'une carmélite songe à partir pour le Tonkin ? Eh bien ! Non, ce n'est pas un rêve et je puis même vous assurer que si Jésus ne vient pas bientôt me chercher pour le Carmel du Ciel, je partirai un jour pour celui de Hanoï. »

Lettre 221, à l'abbé Rouilland, missionnaire en Chine

PROPOSITIONS POUR AGIR

– Mentionne 3 raisons d'être fier de ton pays.

– Trouve des raisons d'aimer les pays qui entourent le tien.

– Remarque la variété ethnique et nationale des saints de l'Église. Aide-toi pour cela du calendrier.

– Visite un lieu historique de ta ville ou de ta région ; cherche à comprendre la portée du lieu et des évènements qui s'y rattachent.

– Si tu es Français, prie régulièrement la prière que Jésus a enseignée à Van pour les Français (voir ci-dessous).

PRIÈRE

« Jésus : Petit enfant de mon amour, écoute, je vais te dicter une prière et cette prière, je veux que les Français me la récitent…

"Seigneur Jésus, aie compassion de la France, daigne l'étreindre dans ton amour et lui en montrer toute la tendresse. Fais que, remplie d'amour pour toi, elle contribue à te faire aimer de toutes les nations de la terre. Ô amour de Jésus, nous prenons ici l'engagement de te rester à jamais fidèles et de travailler d'un cœur ardent à répandre ton règne dans tout l'univers. Amen."

Ô mon enfant, dis aux Français que cette prière est celle-là même que je veux entendre de leur bouche. Elle est sortie de mon cœur brûlant d'amour[12]. »

12. Col 110

Dès le plus jeune âge,
Van a appris à aimer Jésus.

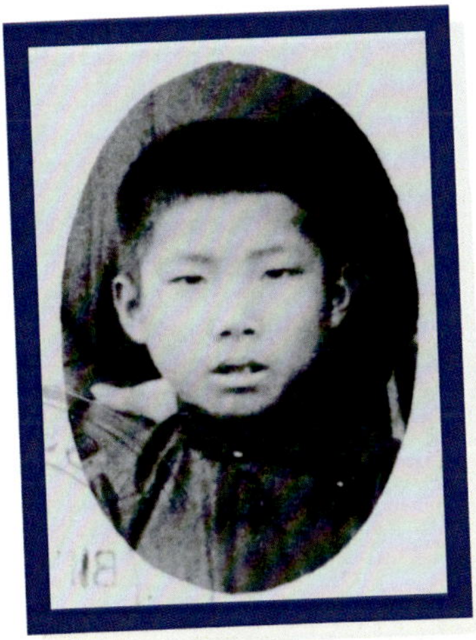

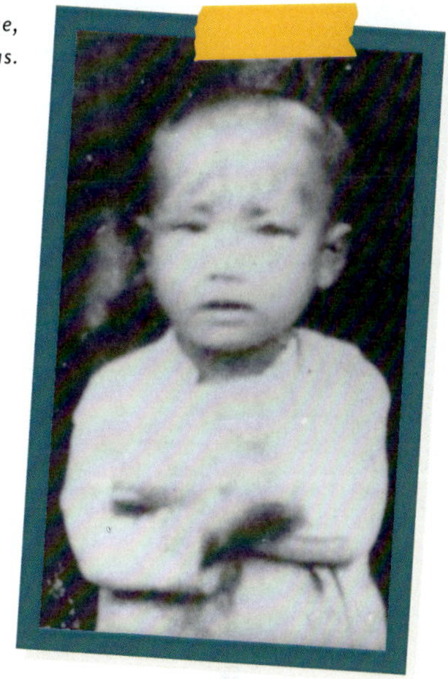

Van a 12 ans. Après sa grâce de Noël 1940, il devient plus fort pour entraîner ses amis dans la vie chrétienne.

Sac à dos scout de Van.

17 octobre 1944, Van est admis dans le monastère rédemptoriste de Hanoï. Pour son noviciat, Van est installé au deuxième étage du bâtiment de gauche.

Van vit en communauté. Il est assis à gauche en bas de la photo.

Van avec sa petite sœur Tê. Elle deviendra religieuse rédemptoristine au Canada.

Van avec le Père Antonio Boucher, son père spirituel.

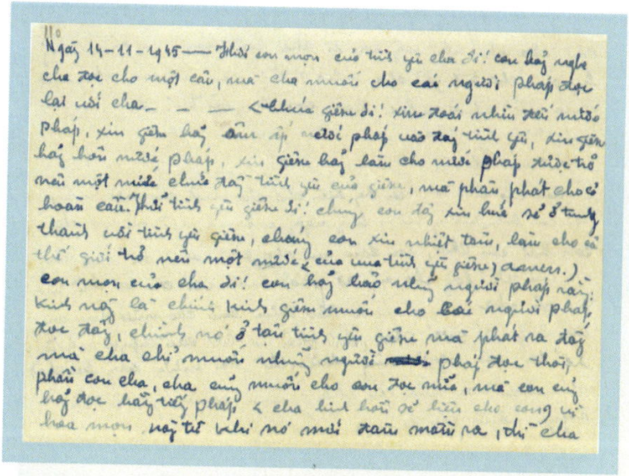

Un original des écrits de Van.
Ici : la « prière pour la France ».

Chapelet de Van représentant saint Alphonse de Liguori, fondateur des rédemptoristes.

Van trouve Dieu dans la nature.

Van sert la messe du Père Boucher.

En 1954, malgré l'invasion communiste,
Van décide d'être « joyeux par amour ».

Van, en 1954, retrouve sa famille
en sécurité à Saïgon avant de choisir
de retourner à Hanoï.

Printemps 1955, Van est à Hanoï pour être
un chrétien qui prie au milieu des communistes.
Il est arrêté peu de temps après cette dernière photo.

6

Avec Van, transformer la souffrance en bonheur

Le paradoxe de la vie de Van s'enracine dans son rapport à la souffrance. Il la rejette avec horreur mais la subit pourtant tout au long de sa vie. Nous avons vu que, petit, Van désire la sainteté mais se sent incapable de vivre la rudesse de vies apparemment héroïques. Découvrant par sainte Thérèse que la sainteté c'est de tout faire avec amour, même les choses les plus insignifiantes, il admet que ce désir est réalisable.

Quand nous regardons la vie de Van, nous pouvons être tentés d'avoir le même *a priori* que lui sur la vie des saints car sa vie est le récit pesant d'un calvaire qui trouvera son épilogue dans le martyr d'un camp de rééducation, après une longue agonie dans un cachot noir. Pas de quoi enthousiasmer les foules, n'est-ce pas ?

C'est que le mystère de la souffrance, qui est celui de la Croix, nous est insupportable dans une époque où nous fuyons le plus possible la moindre contrariété, le moindre bobo, au corps comme à l'âme. Nos contemporains sont attirés par les morts dites « douces », qui permettent de tirer sa révérence au bon moment, quand chacun le sent, quand chacun le souhaite, comme on éteint un téléviseur lorsque l'on tombe de fatigue.

Il nous faut pourtant nous laisser convertir par le message révolutionnaire présenté par la vie de Van, qui n'est autre que celui de l'Évangile. Loin de vouloir la souffrance pour la souffrance, il s'agit de comprendre le sens de la souffrance chrétienne : c'est-à-dire de vivre notre foi de manière plus intense et ne plus subir passivement les souffrances qui se présentent à nous. Elles peuvent être offertes et porter du fruit.

Pour comprendre le cheminement intérieur de Van et les grâces reçues, il nous faut d'abord affronter le récit d'une vie douloureuse qui aurait pu l'éloigner de Dieu. Regarder la vérité de cette vie compliquée et voir comment Dieu s'y est pris pour le mener à bon port. C'est une grande espérance pour ceux qui voient dans leurs souffrances la preuve que Dieu n'existe pas.

UNE ENFANCE DE SOUFFRANCE

En mai 1935, Van a 7 ans. Pour des raisons de santé, puisque Van tombe malade à cause de la dureté des enseignants, il ne peut plus se rendre à l'école. Sa maman profite de l'occasion pour aller, dans un village à 35 kilomètres de Hanoï, visiter un curé qu'elle apprécie. Elle a en tête de lui confier son fils pour qu'il grandisse dans la foi, dans un cadre porteur. Pensant faire avec Van une première visite avant de le confier définitivement, elle est tout étonnée d'entendre son fils désirer rester car il avait « le goût de se consacrer à Dieu sans retard ». Lui, l'enfant accroché à sa mère, décide de demeurer là pour répondre à la vocation qu'il sent dans son cœur. Sa mère accepte, non sans émotion.

Les premiers jours sont radieux, mais, très vite, Van se rend compte que l'apparence positive du curé n'est que tromperie. La cure elle-même est loin d'être la maison idéale pour qu'un enfant chemine vers une éventuelle vocation sacerdotale. Van dira dans son autobiographie :

> « Durant les cinq années où j'ai été emprisonné dans cette maison, pas un seul jour il m'a été donné de goûter quelque joie corporelle ; toujours j'ai souffert et j'ai été opprimé[1] ».

1. Aut 149

L'oppression est organisée essentiellement par les catéchistes. L'un d'eux, particulièrement féroce, l'oblige à recevoir des coups de rotin pour un rien. Maître Vinh, « vieux catéchiste attiédi », donne des raisons spirituelles pour cela. Van raconte la cérémonie qu'il doit subir tous les matins après la messe :

> « Défense de gémir et de bouger. Si je bougeais ou gémissais, le coup donné ne comptait pas. Si on était au premier coup, il suffisait d'en ajouter un, mais au troisième, il fallait tout recommencer. Par conséquent, si, durant ces quinze minutes d'exercice à la vie parfaite, je ne pouvais solder les trois coups en question, je restais en dette envers le maître, et le lendemain je devais rendre six fois plus. Et cela se multipliait indéfiniment[2] (…). »

Van n'arrive plus à s'asseoir ni à se coucher sur le dos. À la chapelle, il préfère rester à genoux. La manigance est toutefois découverte par la servante de la cure qui remarque les traces de sang sur le linge de Van. Le curé rassemble tout le monde et le coupable est découvert sans autre punition que de ne plus accueillir Van dans sa chambre…

L'ambiance ne s'en améliore pas pour autant car les autres catéchistes s'en prennent à leur tour au pauvre petit bonhomme. On se rassemble autour de lui comme dans un procès et on lui pose de nombreuses questions pointues. Devant ses bourreaux, Van est déshabillé entièrement et ne

2. Aut 138

peut garder qu'une feuille de bananier. À l'écoute de ses réponses, la sentence tombe. Il est privé de nourriture et de communion. À la souffrance physique s'ajoute la souffrance morale qui le met dans une situation de doute sur lui-même et sur sa foi. Van tient par la prière du chapelet mais celui-ci lui est à son tour confisqué.

D'une manière générale, c'est l'atmosphère de la cure qui est viciée. Certes, le pire des catéchistes est renvoyé mais le laisser-aller se manifeste par l'alcool que le curé consomme en quantité, par les grossièretés et les jeux d'argent. La présence des filles qui peuvent entrer dans la cure accroît l'ambiance de légèreté que Van remarque de tout point de vue.

Une blessure au genou lui donne la possibilité de s'extraire six mois chez une dame qui s'occupe de lui maternellement. Peu après son retour dans une cure qui n'a pas changé, Van apprend que sa famille est ruinée par des intempéries. Les parents de Van ne peuvent plus subvenir à ses besoins et le confient totalement au curé. N'ayant plus de devoir formel vis-à-vis de Van, l'abbé Nha l'utilise comme *boy* pour différentes tâches, l'éloignant peu à peu de l'école. N'en pouvant plus, travaillé intérieurement par toutes ses épreuves, Van décide de s'enfuir :

> « Durant tant d'années que j'ai passées avec lui (l'abbé Nha), j'ai été opprimé comme un esclave, si bien qu'à un moment donné, ne pouvant plus supporter ce genre de vie, j'ai dû m'enfuir[3] ».

3. Aut 455-456

À vrai dire, il y a eu au moins trois tentatives de fuite. La première le conduit chez ses parents où il pense pouvoir trouver refuge, mais les informations que ceux-ci ont entendues accusent Van de tous les maux. Il est donc reçu durement, ce qui est le comble dans une telle situation. Son père est très dur et le menace des pires punitions. Quoi de plus terrible que de sentir que sa propre famille nous juge alors que l'on est soi-même persécuté ? Finalement, sa mère lui ouvre les bras mais pour lui conseiller de retourner à la cure.

Au retour, il trouve la situation inchangée et décide de s'enfuir à nouveau. Nous sommes à l'automne 1940. Van a 10 ans et demi. Il vagabonde presque deux semaines dans la petite ville de Bac Ninh. Pour survivre, il fait des petits boulots : laveur de vaisselle, porteur d'eau. Il échappe de justesse à une trafiquante d'enfants. Il ne peut plus que mendier et dormir à la belle étoile. Pour cet enfant, tout devient danger potentiel. À qui faire confiance ? Amaigri, en loques, Van décide de retourner une nouvelle fois chez ses parents après un court séjour chez sa tante Khan. Il raconte :

> « Dès mon retour à la maison, je fus traité par mes parents comme un fils dégénéré. Ma famille était pauvre ; la moitié de la rizière avait été mise en gage. Malgré cela, mon père, indifférent, continuait de mener une vie aisée ; il avait toujours de l'argent pour le jeu, alors que ses enfants n'en avaient pas assez pour vivre. Tous, à la maison, devaient travailler pour le nourrir et lui procurer l'argent qui

> passait au jeu [...] Je n'ai pas besoin de dire que ma mère était la colonne de la famille ; tant qu'elle serait là, elle la ferait subsister, elle la ferait vivre. La survie de la famille dépendait uniquement d'elle... Mais étant donné l'insuffisance de moyens matériels, cela lui coûtait beaucoup de larmes. Un cœur de mère reste toujours un cœur de mère, cependant je constatai que, très mécontente de ma fuite, pour me faire expier ma faute, elle me traitait comme si je n'avais plus été son enfant... À partir de ce moment, la porte de mon cœur se ferma hermétiquement. Je n'osais plus desserrer les dents pour adresser à ma mère une parole affectueuse[4]. »

L'ambiance à la maison est intenable. Une nouvelle fugue avec sa sœur Lê, de trois ans son aînée, échoue. Les deux enfants sont rattrapés par leur père. La petite sœur chérie de Van, Tê, âgée de huit ans, le traite alors de « misérable ». Sa réputation dans le village familial devient exécrable. Seul un secours du Ciel peut le sortir de cette terrible situation.

LA GRÂCE DE NOËL 1940

« Comme un cerf altéré cherche l'eau vive, ainsi mon âme te cherche toi, mon Dieu » (Ps 41, 1).

---

4. Aut 405-406

Van est totalement asphyxié. Cinq années de souffrance le paralysent. Pourtant, en ce Noël 1940, Dieu, Lui, a prévu un cadeau inespéré. Nous sommes à un moment charnière de son existence, un épisode qui fait office de pivot dans sa vie et qui lui donnera de voler vers les cimes de la vie spirituelle. Il est bon de relater cet évènement en laissant Van s'exprimer intégralement :

> « Cette année-là, à l'approche de Noël, je ne rêvais plus aux cadeaux de Noël que je recevais au temps de mon enfance. Je comprenais que cette fois mon cadeau de Noël avait été préparé par les larmes et les souffrances des mois que je venais de vivre. Mais le sens mystérieux de la souffrance m'échappait tout à fait, et donc la raison pour laquelle Dieu me l'envoyait. En conséquence, au lieu de me réjouir d'avoir à souffrir, j'en étais naturellement affligé. Dieu me fera donc comprendre que la souffrance c'est sa sainte et mystérieuse volonté, c'est le cadeau de l'Amour. Mon cœur est encore accablé par la peur de la souffrance ; je souffre, mais d'instinct je fuis la souffrance, bien que maintenant je ne sois plus aussi lâche.
> La messe de minuit commence. Mon cœur se prépare avec soin à recevoir Jésus. Dans mon âme, il fait sombre et froid comme en pleine nuit d'hiver. Je ne sais plus où chercher la lumière et un peu d'amour pour réchauffer la demeure vide de mon cœur. À ce moment, Jésus seul est tout mon espoir. Je soupire

après sa venue, et uniquement après sa venue. L'heure tant désirée arrive... et voilà que j'étreins Jésus présent dans mon cœur. Une joie immense s'est emparée de toute mon âme ; je suis hors de moi, comme si j'avais trouvé le trésor le plus précieux jamais rencontré dans ma vie... Quel Bonheur ! Et quelle douceur ! À ce moment, pourquoi mes souffrances me paraissaient-elles si belles ? Impossible de le dire, impossible de décrire cette beauté en la comparant avec quelque beauté terrestre. Tout ce que je peux dire, c'est que Dieu m'a donné un trésor, le cadeau le plus précieux de l'Amour.
En un instant, mon âme a été entièrement transformée. Je n'avais plus peur de la souffrance ; au contraire, je me réjouissais et prenais plaisir à trouver des occasions de souffrir. Mon drapeau de conquête flottera désormais sur la colline de l'Amour. Dieu m'a confié une mission : celle de changer la souffrance en bonheur. Je ne supprime pas la souffrance, mais je la change en bonheur. Puisant sa force dans l'Amour, ma vie ne sera plus désormais que source de bonheur. Avant tout, j'ai pu me vaincre moi-même. Bien des fois, mon caractère trop sensible m'a fait souffrir beaucoup plus que les événements fâcheux provenant de l'extérieur. Je me sentais maintenant le cœur léger et je bravais tout ce qui était souffrance[5]. »

5. Aut 437-439

Recevant un don de force très puissant, Van pourra désormais vivre tous les évènements de sa vie appuyé sur l'amour. Par cette communion, Van se trouve restauré et sauvé. Plus rien ne pourra le séparer de l'amour du Christ. Au contraire, puisant en Jésus la force d'avancer, il ira de victoire en victoire. Sur lui-même d'abord et ensuite sur toutes les tentations de désespoir aux moments les plus sombres de sa vie d'adolescent et d'adulte.

VAN CONTINUE SA ROUTE DANS L'AMOUR

Après un nouveau passage chez sa tante Khan début 1941, Van retourne à la cure de Huu Bang. Il souhaite poursuivre son questionnement vocationnel mais une nouvelle possibilité se présente à lui « immédiatement après la fête de Noël 1941. » Il part pour Lang Son et entre au petit séminaire Sainte-Thérèse de l'Enfant-Jésus qui sera pour lui un lieu béni.

Les tensions internationales et la guerre mondiale ont un impact direct sur son parcours. Après six mois de bonheur avec les pères dominicains, Van apprend, pendant ses vacances, que le petit séminaire est fermé parce que l'armée japonaise menace de le réquisitionner. Tous les élèves doivent se disperser. Le soleil qui règne dans son cœur semble alors se voiler. Pourtant Van possède une force qui lui permet de rester debout. Dans la confiance, il attend la nouvelle de sa réorientation qui arrive le 13 août 1942 : il lui est proposé d'aller à la cure de Quang Uyen, à la frontière chinoise, qu'il rejoint avec deux autres jeunes le 17 août. Il a alors 14 ans.

La petite année passée à Quang Uyen se finit mal. Des tensions éclatent en raison du manque de nourriture causée par la guerre. Van tient tête au père Maillet qui est le supérieur de la maison. Celui-ci lance comme un couperet : « Fais tes paquets, je te chasse ! » Durant ces évènements, Van peut affirmer : « Sans la protection divine, j'aurais depuis longtemps cédé au découragement[6]. »

Cette protection divine se manifeste par la voix de sainte Thérèse qui l'encourage, alors que sa voix s'est tue depuis quelques mois :

> « Allons, cesse de pleurer, et lève-toi. Tu te rappelles sans doute ce que je t'ai dit l'autre jour : "On te couvrira de honte." Oui, à l'exemple de Jésus, tu dois accepter qu'on te déchire et qu'on t'opprime. Ne cède pas trop facilement au découragement comme si tu étais seul en ce monde. Prends sur toi, endure tout cela et offre-le à Jésus qui t'attend. Allons, tâche de sourire, et chante joyeusement pour chasser la tristesse[7]. »

Malgré un chemin semé d'embûches, Van trouve finalement sa voie en entrant chez les rédemptoristes. Là, il souffre d'une

6. Aut 690
7. Aut 693-694

autre manière, c'est-à-dire par les relations entre frères de la communauté et cela en raison de sa très grande sensibilité.

Mais la souffrance ultime est celle de la partition de son cher pays en deux après l'invasion communiste. Après avoir obtenu de son supérieur l'autorisation de retourner en zone communiste, Van est arrêté le 7 mai 1955 et envoyé en camp de rééducation.

L'esprit dans lequel il vit ces années d'emprisonnement, hérité de sa grâce reçue à Noël 1940, est résumé dans cette lettre adressée à sa sœur le 17 novembre 1955 :

> « Quant à moi, je ne suis plus aujourd'hui qu'un cadavre qui respire. Je suis très faible, et pourtant je ne suis pas au bout de mes peines morales ; le calice d'amertume est encore plein, et combien d'autres misères que je ne peux mesurer. Cependant, il me reste l'amour, et avec l'amour une volonté héroïque. Je suis la victime de l'Amour, et l'Amour est tout mon bonheur : un bonheur indestructible. »

LE MÉCANISME DES ABUS

Van est de ces êtres qui n'ont pas été épargnés par la vie. Il rejoint en cela une foule de personnes pour qui la vie est un calvaire et un chemin de croix. Souffrance vécue par les ennemis de la foi mais aussi souffrance donnée par ceux qui devraient être les serviteurs du peuple de Dieu.

Alors Van est certainement appelé à devenir le saint patron de toutes les personnes blessées et abusées, spécialement les enfants. Avant de contempler son relèvement, il faut dénoncer les mécanismes totalitaires qu'il a subis et qui, en ce début de XXIe siècle, sont pointés du doigt par les différentes enquêtes sur les abus dans l'Église et dans tous les milieux.

J'ai été saisi en lisant le rapport français de la CIASE[8] de voir les parallèles avec la vie de Van. Je relève que ce que Van a subi est très proche des rapports récents :

- Face aux dénonciations, la parole des enfants est méprisée : « Quand on disait aux parents que ce n'était pas normal, on se faisait punir » (CIASE, p. 175). C'est ce que Van a subi de ses propres parents qui ne croyaient pas ce qui se passait à la cure.
- Dans le monde rural spécialement, on a un honneur à défendre (CIASE, p. 178). On ne peut accepter le déshonneur d'un enfant qui quitte le chemin du sacerdoce en se faisant renvoyer.
- Les abus viennent d'une soumission déréglée à l'autorité. Celle-ci est manifeste dans les mots de Van qu'il dit à la servante qui vient le sauver au moment où il est battu : « Quand mes parents m'ont offert au curé, ils lui ont confié

8. Rapport remis en octobre 2021, par la Commission indépendante sur les abus sexuels dans l'Église, qui clôt l'enquête commandée par les évêques de France.

toute ma personne, à la vie, à la mort ; il a donc le droit de me tuer comme il a le droit de me laisser vivre. Veuillez donc le laisser user de son droit comme il l'entend…[9] »

– Les abuseurs ont toujours un moyen de pression pour faire taire l'abusé : « Chaque fois qu'il me battait, avant de me congédier, il (Vinh le catéchiste) se mettait l'index sur la bouche, prenait un visage sévère, et roulant les yeux il me donnait cet ordre : "Défense de parler !" Parfois il disait : "Si tu parles, je t'enterrerai vivant"[10] ».
– La fraîcheur de l'enfant est étouffée au point de faire de ces enfants des morts vivants.

Nous ne pouvons qu'être terrifiés en lisant l'histoire de celui que l'Église pourrait un jour béatifier. Toutefois le parcours de Van nous invite à voir comment il a été relevé et comment, par la suite, il a compris et mis en pratique les enseignements reçus quelques mois avant ses 13 ans. Pour nous qui subissons au cours de notre vie tout un tas de souffrances, c'est une espérance. La vie peut jaillir de nos souffrances.

LE TRÉSOR DE LA CROIX

« La croix est scandale pour les Juifs et folie pour les païens » (1 Co 1, 23). Même pour nous qui sommes chrétiens,

9. Aut 195
10. Aut 136

elle a sa part de mystère. Toutefois, nous pouvons méditer régulièrement sur ce mystère.

Nous y découvrirons l'amour de Jésus dont le sang offert lave les hommes de leur péché. La foi chrétienne voit dans le sacrifice de la croix la marque la plus sublime du rachat. Pécheurs, nous sommes restaurés par la croix. De celle-ci jaillit la lumière comme le révèle la fête liturgique de la Croix glorieuse. Si nous nous tournons vers elle, nous serons guéris de grands maux. De la même manière que les Hébreux étaient sauvés de la morsure des serpents quand ils regardaient le serpent d'airain fabriqué par Moïse (Nb 21), de la même manière la vie entre en nous quand nous regardons la croix avec foi.

Mais ce que Van a compris va plus loin. Par notre baptême, étant membres du corps du Christ, nos souffrances, nos croix, offertes par amour et unies au Christ participent au Salut de Dieu. Van s'écrira dans cette veine : « Je suis un petit rédempteur », un petit sauveur quoi ! Ce que saint Paul confirme en disant qu'il complète en sa chair ce qui manque aux détresses du Christ. Solidaire de l'action de Jésus pour sauver le monde, nous prenons notre part en offrant nos souffrances par amour.

Van sait donc, à partir de Noël 1940, que chaque souffrance peut être un trésor pour le bien du monde entier. Il prend l'image de croix changées en roses. La souffrance offerte devient des grâces qui bénéficient au monde :

> « Ô Marie, ma Mère, je voudrais te parler mais je ne sais pas du tout comment m'exprimer. Tout ce

> que je peux te dire, en employant une nouvelle manière de parler, c'est que je change la souffrance en croix. Oui, ô Mère, les souffrances sont des croix et les croix sont des roses. Depuis quelque temps, il me semble que la croix ne me quitte pas un seul instant ; elle est toujours là, à mes côtés. Que je regarde dans n'importe quelle direction, je ne vois que des croix, rien que des croix…
> Ô Marie, ces croix, je les accepte toutes. Je sais bien que je possède un talent particulier et qui fait grandement plaisir à Jésus ; il consiste à recevoir toutes les croix et, une fois que je les tiens dans ma main, à les lancer en l'air où elles se changent en roses… Je sais aussi que depuis toujours, Jésus aime beaucoup les fleurs ; et quand il voit que j'ai le talent de changer les croix en roses, il semble qu'il oublie même mes peines et mes fatigues pour m'envoyer continuellement des croix[11]. »

La joie de Jésus sur la croix et le bonheur de Van dans la souffrance sont de savoir que l'amour qui y est présent va retomber en grâce sur l'humanité. Fort de cette foi, on comprend que Van dise, comme sainte Thérèse d'ailleurs, son amour de la souffrance. Non par masochisme, mais par conviction que la vie se répand par la croix.

---

11. Col 315-316

Ayant compris cela, une nuance s'impose : la souffrance n'est pas malheur si elle est offerte. Jésus le dit lui-même à Van : « Ma vie doit être appelée une vie douloureuse, mais non pas une vie malheureuse[12] ». Et plus loin : « Plus je me sacrifiais pour les âmes, plus je désirais me sacrifier encore davantage et toujours davantage. Et, pour tout dire, c'est là une chose que seul l'Amour est capable de comprendre[13] ».

Oui, cela peut demander du temps pour comprendre mais nous avons dans nos propres vies des illustrations de cette vérité quand nous nous dépassons en souffrant pour un être cher. Le bonheur du don surpasse la douleur de l'action.

LE PAMPLEMOUSSE

La prévenance de Jésus est immense pour ses enfants. Si la croix a sa place dans notre vie, il faut souligner l'attention et la délicatesse de Jésus qui accompagne notre vie. Sa bonté met sur notre route les consolations dont nous avons besoin. Il a une pédagogie adaptée à chacun. Bien sûr qu'il sait que nous ne pouvons grandir avec seulement une route dégagée et un ciel clair. Les épreuves nous rendent plus forts, dit on. Toutefois, en regardant la vie de Van, nous voyons combien Dieu fut bon avec son enfant.

12. Col 368
13. Col 369

Van a trouvé à ce sujet une image bien parlante. Madame Sau, qui l'accueille durant ses six mois de convalescence, alors qu'il s'était blessé le genou, lui demande :

> « – Veux-tu me dire pourquoi tu aimes tant ces pamplemousses croisés ?
> – (...) c'est parce que dans ma vie, comme dans ce fruit, il y a mélange de douceur et d'amertume. Le bon Dieu sait joindre la joie à l'amertume, pour me rendre la vie plus facile[14]. »

Dans les épreuves de la vie, faisons l'acte de foi de croire que Jésus est toujours là pour nous faciliter la marche.

14. Aut 212-213

PAROLE DE DIEU

« Si quelqu'un veut marcher à ma suite, qu'il renonce à lui-même, qu'il prenne sa croix et qu'il me suive. Car celui qui veut sauver sa vie la perdra ; mais celui qui perdra sa vie à cause de moi et de l'Évangile la sauvera » (Mc 8, 34).

CE QUE NOUS DIT THÉRÈSE

« Depuis longtemps je ne m'appartiens plus, je suis livrée totalement à Jésus, Il est donc libre de faire de moi ce qu'il lui plaira. Il m'a donné l'attrait d'un exil complet, Il m'a fait comprendre toutes les souffrances que j'y rencontrerais, me demandant si je voulais boire ce calice jusqu'à la lie ; aussitôt j'ai voulu saisir cette coupe que Jésus me présentait, mais Lui, retirant sa main, me fit comprendre que l'acceptation Le contentait. »

Histoire d'une âme, Ms c 10v

PROPOSITIONS POUR AGIR

- À la suite de Van, mets en esprit tes croix dans tes mains et jette-les au Ciel pour que le Seigneur les transforme.

- Prie pour ceux autour de toi qui vivent ou ont vécu des souffrances particulières.
- Va une fois par mois à l'adoration pour confier à Jésus-hostie tes souffrances et recevoir une joie intérieure.

– Participe à un pèlerinage pour aider les plus douloureux à vivre un moment de paix, de grâce, de joie.

PRIÈRE

Seigneur Jésus,

Je rencontre dans ma vie bien des contrariétés, des luttes et des situations angoissantes.

Éloigne de moi ces épreuves.

Cependant, je désire faire ta volonté.

Donne-moi la patience et le courage dans tous les moments difficiles.

Apprends-moi à mettre de l'amour en toutes choses

et à comprendre qu'en restant uni à toi, la dureté de la vie peut porter du fruit.

Amen !

7

Avec Van, entrer en résistance

Van est un être entier. Tout au long de ses écrits, nous pouvons constater qu'il y a en lui une radicalité qui le pousse à dépasser les obstacles qui se présentent à lui. Certes, les souffrances de sa jeunesse ont bien failli casser définitivement ce qui était semé en lui, mais la grâce de la nuit de Noël 1940 l'a restauré et a amplifié en lui des désirs déjà très grands. Il n'y a pas de demi-mesure pour Van. Sa vie et sa mort en sont le signe. Il est intéressant de voir que, comme sainte Thérèse qui dit avoir quitté l'enfance, lors de sa grâce de Noël, Van est entré dans la vie adulte quelques mois après ses 12 ans. Dans la tradition juive, c'est à cet âge-là que se fait le fameux passage. On le voit fortement dans l'épisode que l'on appelle le « recouvrement au Temple », quand Jésus dit à ses parents qu'il doit demeurer chez son Père (Lc 2, 41-52). C'est le moment de l'envol. Van, malgré le départ de la maison dès ses 7 ans, entre dans l'âge de la maturité à partir de cette communion de Noël qui lui donne la force de retourner dans l'enfer de la cure de Huu Bang afin de répondre à sa vocation.

Van a découvert la beauté des souffrances offertes pour le salut des hommes mais cela ne fait pas de lui quelqu'un de résigné devant le mal. Autrement dit, « transformer la souffrance en bonheur », ce n'est pas être passif devant les injustices mais bien chercher malgré tout à rendre le monde plus humain, même si les coups doivent pleuvoir.

Ainsi, se révèle chez Van une certaine révolte qu'il est bon de présenter pour y reconnaître toute sa noblesse. C'est l'idéalisme de la jeunesse qui ne peut tolérer l'injustice, qui en est blessé au point de se soulever pour rétablir le droit. Van, comme les jeunesses du monde, veut changer ce monde. Mort à 31 ans dans un camp de travail, il est resté jeune jusqu'au bout. Ne lâchant rien de ses grands désirs, il est un modèle pour ceux qui veulent vivre intensément leurs convictions.

Il nous dit que même si nous nous sentons fragiles, nous sommes capables, avec la grâce de Dieu, de résister à ce qui appauvrit l'humanité, qui entrave le projet de Dieu sur nous. Il nous invite à nous lever pour un monde plus juste.

CONTRE QUI, CONTRE QUOI ?

La résistance fondamentale de Van, c'est la résistance au péché. Celle-ci exige de reconnaître que notre cœur est travaillé par des tentations de fond qui veulent nous éloigner de Dieu et de son projet d'amour pour nous. La naïveté serait de croire que cela n'existe pas. Van, comme chacun de nous, subit les attaques du tentateur que la Tradition et la Bible appellent le Diable. Étymologiquement, le diable est celui qui divise, qui sépare Dieu de sa créature, qui sépare la créature de ses aspirations au bien, qui l'empêche d'être unifié. C'est pourquoi, le jour du baptême, celui qui baptise demande aux parents ou au catéchumène : « Rejetez-vous le péché » puis « Rejetez-vous ce qui conduit au mal ? » La réponse, « Je le rejette », apporte une conviction ferme qui ouvre la voie au bien. C'est en fait le premier acte de résistance par la volonté et la parole. Il me semble qu'il est important de renouveler en nous cette réponse, surtout quand les tentations viennent nous travailler.

Pour Van et pour ses interlocuteurs célestes qui échangent avec lui dans les *Colloques*, le péché se manifeste par plusieurs biais, qu'il faut ici dénoncer.

Évidemment, la résistance est d'abord contre le communisme, celui-là même qui le conduit en camp et qui le fait mourir. Le communisme auquel il faut ajouter le colonialisme, le nationalisme et la franc-maçonnerie. À ce sujet, les *Colloques* révèlent la souffrance de Jésus provoquée par ces philosophies non-chrétiennes :

> « Jésus regarda ma sœur Thérèse et dit : "Pauvre France ! Une fois libérée du communisme, elle aura affaire à une société secrète plus perverse encore : la franc-maçonnerie." Puis il me dit : "Mon enfant,

> prie pour la France, sinon, malheur à elle." En disant ces paroles, il avait l'air plus triste qu'auparavant, mais je ne l'ai pas vu pleurer[1]. »

Ces courants de pensée ont cela de commun qu'ils sont tous des ersatz de foi chrétienne. On peut leur reconnaître de rejoindre notre foi sur l'un ou l'autre point, mais toujours en les détournant et en les séparant des autres vérités de la foi, de l'Évangile. On pourrait dire « en les coupant » ou « en divisant des vérités qui devraient être harmonieuses ». Ainsi, l'amour de la patrie devient égoïsme, les droits de l'Homme s'érigent en absolu devant les droits de Dieu, le collectif contre la personne humaine. Le message véhiculé par les écrits de Van appelle à une résistance contre ces idéologies déguisées en « ange de lumière ».

Chez Van, il faut souligner en plus la nécessité de travailler à la conversion des prêtres et à résister face à ceux qui attaquent l'âme des enfants :

> « Ces âmes d'enfants m'appartiennent parfaitement et, pourtant, le Monde me les ravit pour en faire la proie du démon... Devant mes yeux, les enfants sont pour moi un divertissement, le seul divertissement capable de me consoler et de m'amener ainsi à étreindre volontiers le monde dans mes bras. Pourtant, le monde veut inoculer dans le cœur des enfants le venin du péché[2]. »

1. Col 128
2. Col 378.

Si sainte Thérèse précise bien à Van « qu'il est évident que tu dois haïr le péché, mais il n'est pas permis de haïr le pécheur[3] », la lutte n'en demeure pas moins rude, nécessitant des moyens appropriés. Ces moyens nous sont donnés tout au long de la vie de Van, et sont une véritable boîte à outils pour notre vie de chrétien.

LES MOYENS POUR RÉSISTER

LA FORMATION POUR DISCERNER

Dans les luttes que nous avons à mener et qui sont certainement voulues de Dieu pour un monde plus juste et fraternel, il est nécessaire d'être convaincus de la richesse reçue de 2000 ans de christianisme. Appuyés sur la foi en Dieu qui se communique, et soutenus par la raison qui analyse, nous ne nous tromperons pas. Chacun pourra orienter ses actions en fonction de sa sensibilité, car les possibilités sont nombreuses. Il faudra accepter que chaque lutte soit complémentaire des autres si elles se situent dans ce champ inspiré par l'Évangile.

Si nous voulons être justes et efficaces, la formation humaine et intellectuelle est nécessaire pour savoir de quoi nous parlons et ne pas nous égarer dans des visions subjectives.

3. Col 635

Pour percevoir les défis du moment, il me semble que la lecture des textes du Pape oriente notre attention en vue d'agir dans ce monde. Les documents officiels sur la Doctrine sociale de l'Église seront aussi d'un grand soutien. Toutefois par notre baptême, nous sommes prophètes ; ce qui veut dire que Dieu peut nous envoyer pour des missions spécifiques, soutenu par l'Évangile. Une Jeanne d'Arc en est un bel exemple, elle qui dut affronter un clergé souvent si peu à la hauteur de sa vocation. Les apports extérieurs à la foi (les sciences humaines, par exemple, apportent un éclairage utile), mais plein de sagesse, compléteront notre réflexion.

Toutefois la résistance à l'injustice n'est pas qu'intellectuelle. Elle vient aussi d'une indignation qui est un moteur pour l'action. Ainsi c'est en voyant les prêtres pécheurs que Van décida d'agir avec ses moyens.

Nous aussi, adoptons ce vieux triptyque « Voir, juger et agir » et entrons en résistance face aux injustices.

TROUVER DES FRÈRES D'ARMES

Une des pages les plus savoureuses de la vie de Van est la constitution des « anges de la résistance ». N'ayant plus peur de la souffrance et zélé pour le bien, il revient à Huu Bang en octobre 1941 et devient le chef d'une petite troupe d'enfants décidés à changer les mœurs.

Avant de passer à l'action, Van voit et juge selon les mots que j'ai partagés dans le point précédent. Voici ce que Van remarque :

> « La cure de Huu Bang en était arrivée à ne plus mériter le nom de Maison de Dieu. C'était le désordre, le dérèglement et le scandale. Les paroles obscènes étaient considérées et écoutées comme étant des paroles pieuses sortant de la bouche de tout le monde. Les gens croyaient encore en Dieu, mais n'avaient de culte que pour la bouteille d'alcool, le jeu et encore beaucoup d'autres choses[4]. »

Puis il cherche les moyens de changer tout cela :

> « J'étais loin d'être le seul homme de bonne volonté. J'en connaissais plusieurs autres, surtout dans le groupe des petits, qui désiraient aussi se libérer un jour de cet état de contrainte où les maintenaient ces "grosses têtes" qui avaient le don de les opprimer. »

Avec maturité et ingéniosité, Van rassemble et organise. Les petits l'appellent « le général ». On découvre chez Van une âme de meneur et d'influenceur. Il décide d'abolir tous les abus des grands qui oppressent les petits : nettoyer leur pipe, acheter de l'alcool, agiter l'éventail, être agent de liaisons amoureuses.

Rapidement, les choses évoluent, ce qui fait dire à Van :

4. Aut 460

> « En moins de trois semaines, ces enfants auparavant timides, malpropres, paresseux et querelleurs, étaient devenus doux, attentifs, propres et très énergiques. Ils étaient devenus des soldats d'élite dans la troupe des "Anges de la résistance". Dans le même espace de temps, l'influence du bon esprit de la troupe franchit les murs de la cure pour s'étendre jusqu'à l'école et même chez les petits Croisés de la paroisse[5]. »

Il faut remarquer que les menaces n'ont plus de prise sur un groupe soudé, déterminé et appuyé ensemble sur la force de Dieu car les actions étaient appuyées sur Dieu et leurs anges gardiens.

LA PRIÈRE

La résistance au péché passe par la prière. Le combat spirituel demande toujours des armes spirituelles. Van, se sentant impuissant face à de nombreuses situations, privilégie la prière. Spécialement pour la conversion des pécheurs. Il décide de se glisser discrètement avec la Vierge Marie, dans le cœur de ceux-ci afin que Jésus y soit aimé et influence leur cœur. C'est ce qu'on appelle la prière de substitution :

> « Avec le petit Jésus, je me cacherai dans toutes les âmes qui sont sur cette terre, pour t'aimer en

5. Aut 472-473

> chacune d'elles. Je serai même dans les âmes qui ne t'aiment pas, afin que là aussi tu sois aimée[6]. »

C'est finalement faire ce qu'a fait Jésus en descendant jusqu'à nous pour nous sauver des péchés. Il est venu au plus proche pour y mettre sa paix et un rayon de lumière. C'est aller semer l'amour là où la terre est aride. À d'autres endroits, Van écrit : « Je t'aime pour les prêtres qui ne t'aiment pas[7] ». Ou encore « Je vais t'aimer à la place des communistes[8] ».

Van développe en parlant du chef communiste Ho-Chi-Minh :

> « À mon avis, si l'on se présente devant Dieu sous le nom d'un pécheur afin de prier pour ce pécheur, il est certain que Dieu doit avoir davantage pitié de lui. C'est pourquoi je n'ai pas hésité à prendre le nom de Ho-Chi-Minh afin de prier pour lui. Je fais comme si j'étais moi-même Ho-Chi-Minh, quelqu'un qui a offensé gravement mon divin Ami. Mon Père, je n'ai aucun exemple pour vous exprimer la chose clairement ; tout ce que je sais, c'est que, ne voulant pas que Ho-Chi-Minh fasse encore de la peine à Jésus, je dois faire en sorte que Ho-Chi-Minh appartienne à Jésus. Or, il est certain que Ho-Chi-Minh ne demande pas cette grâce pour lui-même. C'est pourquoi je prends son

6. Col 589
7. Col 477
8. Col 555

nom afin de prier pour lui. Je fais tout comme si Ho-Chi-Minh en personne priait pour lui-même. Je fais également la même chose pour Staline[9]. »

L'amour du pécheur va jusque-là pour Van. Cela complète la prière classique de prier pour les pécheurs. Appuyons-nous avec confiance sur la prière qui obtient de grandes grâces comme Jésus l'enseigne par exemple à Van quand il dit : « La prière triomphera du communisme mieux que les avions et les autres moyens nécessaires[10] ». Une telle affirmation demande certainement un acte de foi, mais l'expérience prouve que tôt ou tard le bien l'emporte.

LA PAROLE

Si la prière est efficace comme action de résistance, la parole a le moyen de dénouer pas mal de situations.

À ce sujet, je suis impressionné de voir de quelle façon Van essaye de faire revenir son père à la raison alors que celui-ci s'est éloigné d'un comportement droit. À la maison, nous l'avons vu, tout part à vau-l'eau. Pourtant dès qu'il le peut, Van n'hésite pas à reprendre son père, alors même que la culture vietnamienne peut être un frein à cela. La douceur couplée d'une piété filiale fait certainement grand bien à son père et l'amène à s'amender. À ce sujet, je ne résiste pas au fait de vous partager quelques mots marqués par une touchante sincérité, écrits dans une lettre datée du 6 octobre 1946 :

9. AE 783
10. Col 677

« Mon cher papa, dans les choses que je veux maintenant te dire en particulier, je tiens à ce que tu saches d'abord que je n'ai nullement l'intention de te reprendre, mais uniquement de t'ouvrir mon cœur d'enfant. Car il est permis aux enfants de la famille d'exprimer leurs sentiments à leurs chers parents (...) Papa, tu as donc comme rôle de tenir la place de notre vrai Père du ciel, pour manifester sa bonté à notre égard. Mais, hélas ! Mon cher papa, nous attendons encore que cette bonté du père dans la famille se manifeste à nous tes enfants ; nous nous demandons même si nous verrons jamais notre attente se réaliser. Pourquoi cela ? Parce que notre papa est devenu pour la famille comme un joug lourd à porter (...) Les paroles du père de famille doivent être comme une force tempérée de douceur, quand les enfants se trouvent en face des difficultés et de la souffrance ; et pourtant, il semble que plus nous rencontrons de difficultés, plus nous entendons sortir de ta bouche des paroles amères, qui viennent encore aggraver la tristesse et la souffrance de la famille. Il en résulte que la famille est malheureuse. »

Nous savons que, par la suite, son père a changé de vie, pour la joie de sa famille.

Un autre exemple de parole pour résister au mal, on sait qu'à Huu Bang, Van complète son action en essayant de raisonner certaines filles dont il est le plus proche :

> « Donc ce soir-là, pour la première fois, je sondai le terrain en disant doucement à Mademoiselle Ngoan : "J'ai cette idée que je voudrais vous communiquer, mais je ne sais si cela vous plaira."[11] ».

Curieuse, elle insiste pour que Van lui dise :

> « À mon avis, il ne convient pas que vous aimiez le catéchiste comme vous l'aimez actuellement ; puisqu'il s'est offert à Dieu[12]… »

Ces paroles de vérité n'ont *a priori* pas de grand effet car l'année d'après elle est enceinte d'un catéchiste.

LA CONFIANCE EN DIEU, S'APPUYER SUR DIEU ET SES SAINTS

Le combat fait peur et on peut se prendre des coups. Quand il s'agit de celui que Van a mené, la vie même est en jeu. Alors c'est là que nous devons mettre notre confiance en Dieu. Celui-ci nous fait aller au bout de l'appel qu'il nous adresse et auquel nous avons répondu. Van souvent s'inquiète mais, se ressaisissant, dit :

> « Les nouvelles de Hanoï ne manquent pas de m'inquiéter, mais je me dis : ce n'est pas en m'appuyant sur mes faibles forces que j'aurai à endurer

11. Aut 508
12. Aut 509

l'épreuve, mais bien en m'appuyant sur la toute-puissance de Dieu, qui se cache en moi[13]. »

Ou encore :

« Bien souvent, je suis accablé de tristesse, et je ne fais que penser : ah ! si je n'étais pas revenu à Hanoï... Mais, il y avait tellement d'insistance dans la voix de Jésus ! Et pour cette raison, j'accepte volontiers de mourir pour consoler un peu le cœur de mon Bien-Aimé[14]. »

C'est bien appuyé sur Jésus et Marie que Van peut se dépasser.

« Ô Mère chérie, j'ai pu passer à travers une bataille terrible. J'ai fait un premier pas difficile sur la route où Jésus m'appelle. Mais, ô Mère, j'ai senti ce soir combien mon âme était faible et presque à bout de forces. En face du long chemin qui me reste à parcourir, je suis extrêmement triste, n'éprouvant que crainte et dégoût. J'ignore si j'aurai le courage d'aller jusqu'au bout ou si j'arriverai à remporter encore au moins une victoire ?... Ô Mère, comme je souffre dans mon cœur !... Cependant, ô Mère chérie, je m'abandonne entièrement à toi. Avec

13. Lettre du 10 septembre 1954
14. 25 octobre 1954

> toi, j'ose affirmer que j'irai jusqu'au bout, et je suis bien décidé à remporter la victoire[15] »

Tous ces moyens n'ont pas les mêmes effets, mais Van les essaye, toujours dans la volonté de changer les choses.

LA FORCE QUI SE DÉPLOIE DANS LA FAIBLESSE

Celui qui lit la vie de Van découvre un être très sensible. Il m'est arrivé de rencontrer des chrétiens qui regardaient Van de haut, agacés par ses écrits enfantins où nous le voyons souvent pleurer. Je pense qu'un regard trop humain peut à juste titre être rebuté par sa très grande sensibilité. Mais Van est un « combattant aux yeux mouillés ». Et même un « combattant victorieux aux yeux mouillés » ! Il a gagné la palme du martyre. Pour vaincre le mal, pour ne pas succomber à la tentation de se réfugier dans une vie tranquille et donner sa vie jusqu'au bout, il s'est appuyé sur des moyens efficaces.

Van est pour les chrétiens, contrairement à ce qui apparaît au premier abord, un exemple de virilité. Pas celle des machos que les médias peuvent montrer et qui est contre nature, mais celle d'un authentique frère de Jésus. Une virilité

15. Aut 701-702

qui se manifeste par la constance, la fidélité et le courage. Et cela est éclatant à la fin de sa vie.

Alors qu'il est détenu à la prison centrale de Hanoï, Van n'avoue pas les crimes dont on l'accuse. Il reste droit et refuse de mentir pour avoir un sort plus doux.

> « L'ennemi a employé bien des ruses pour me forcer à capituler, mais je n'ai jamais admis une telle lâcheté. Je peux avouer que si j'avais désiré vivre, je ne serais plus aujourd'hui enfermé en prison[16]. »

Van nous montre que la vérité et la droiture pour l'amour de Jésus sont au-dessus de tout.

Le père Boucher, son père spirituel, raconte que lors du procès qui suivit son arrestation le 7 mai 1955, Van tient tête aux agents de la « Sûreté ». Une jeune femme, avocate, remarque : « Une telle force d'âme chez un jeune comme le Frère Marcel est un témoignage de la vitalité extraordinaire de l'esprit catholique. »

C'est cette force d'âme, surtout visible peu avant sa mort mais présente aussi tout au long de sa vie, qui fait de lui un résistant à toute forme de péché, modèle pour nous dans tous les combats de la vie.

16. Lettre du 17 novembre 1955 au P. Boucher

PAROLE DE DIEU

« Bien-aimé, je suis déjà offert en sacrifice, le moment de mon départ est venu. J'ai mené le bon combat, j'ai achevé ma course, j'ai gardé la foi. Je n'ai plus qu'à recevoir la couronne de la justice : le Seigneur, le juste juge, me la remettra en ce jour-là, et non seulement à moi, mais aussi à tous ceux qui auront désiré avec amour sa Manifestation glorieuse. Tous m'ont abandonné. Le Seigneur, lui, m'a assisté. Il m'a rempli de force pour que, par moi, la proclamation de l'Évangile s'accomplisse jusqu'au bout et que toutes les nations l'entendent. J'ai été arraché à la gueule du lion ; le Seigneur m'arrachera encore à tout ce qu'on fait pour me nuire. Il me sauvera et me fera entrer dans son Royaume céleste. À lui la gloire pour les siècles des siècles. Amen » (2 Tim 4, 6-8.17-18).

CE QUE NOUS DIT THÉRÈSE

« Sans doute ces trois privilèges sont bien *ma vocation, Carmélite, Épouse et Mère,* cependant je sens en moi d'autres *vocations*, je me sens la *vocation de Guerrier, de Prêtre, d'Apôtre, de Docteur, de Martyr*; enfin, je sens le besoin, le désir d'accomplir pour *toi, Jésus*, toutes les œuvres les plus héroïques… Je sens en mon âme le courage *d'un Croisé, d'un Zouave Pontifical*, je voudrais mourir sur un champ de bataille pour la défense de l'Église… »

Histoire d'une âme, Ms B 2v

PROPOSITIONS POUR AGIR

- Donne à Dieu dans un temps de prière ce qui t'inquiète dans la société, spécialement face aux guerres et aux dictatures.
- Dans les situations de conflits que tu connais, décide de dialoguer.
- Demande à un prêtre de célébrer une messe pour la paix.
- Adhère à un mouvement qui œuvre pour la paix et la justice.
- Chasse de ton vocabulaire le terme « À quoi bon ? » ou tout équivalent.

PRIÈRE

Seigneur Jésus, le monde me fait peur.

L'avenir semble si incertain.

Donne-moi un cœur attentif aux misères de notre Humanité.

Fais que jamais mon être ne s'habitue aux injustices.

Donne-moi la force de lutter et de croire que tu es Celui qui donne la victoire.

Envoie-moi des compagnons de route pour rendre le monde meilleur et qu'ensemble nous puissions voir la fraternité grandir.

Amen !

8

Avec Van, aimer les prêtres

L'esprit du temps est au rejet des institutions. La critique se porte partout sur ce qui paraît lointain et dominant. L'Église peut être considérée comme faisant partie de ces institutions qui portent en elles des freins à la liberté. Ajoutant à cela les contradictions publiques entre son enseignement et le comportement des chrétiens, nous ne pouvons que reconnaître le décalage qui se crée avec les hommes et les femmes de notre temps.

Mais l'Église est-elle d'abord une institution ? Certainement pas. Elle est avant tout une famille d'hommes et de femmes qui essaient de suivre Jésus, fils de Dieu et sauveur de tous. Van aurait eu mille raisons pour dire « Basta ! », « Ça suffit ! », tant il a souffert à l'intérieur même de l'Église, mais il a compris que c'est aussi par elle qu'il pouvait recevoir la plénitude de la vie de son âme.

Cette critique vis-à-vis de l'Église ou du moins ce désir de recul peut être aussi le nôtre. Face aux annonces en pagaille ces dernières années sur les scandales, des abus notamment, nous pouvons nous dire que pour vivre heureux, il faut vivre caché, partir sur la pointe des pieds et replier sa vie spirituelle dans la sphère privée. Nombre de baptisés ont fait ce choix.

Pourtant, en lisant la vie de Van, nous découvrons que la solution n'est pas dans le fait de se dérober mais plutôt de reconnaître que l'Église est un signe de l'amour de Dieu qui se donne de multiples manières. Et cela, malgré et au-delà de la pauvreté de ses enfants. Pour parvenir à transmettre ses dons, le Seigneur a voulu se servir d'hommes consacrés, mis à l'écart, donnés au peuple pour le rendre saint. Cette mission sublime qui est celle des prêtres, Van y a aspiré. En grandissant, il a ajusté son regard sur le sacerdoce. Ses écrits sont une mine pour réfléchir aujourd'hui à la place des prêtres dans la vie de l'Église.

VAN, FORCE VITALE DES PRÊTRES

Dans la pensée de l'époque de Van, pour avoir une chance d'être saint, il faut être prêtre. Pour lui, les deux sont liés. Van, comme nous l'avons déjà évoqué, vit toutes ses premières années avec la pensée permanente de la vocation sacerdotale. Tout est fait pour cela. C'est pourquoi l'annonce de sainte Thérèse à Quang Uyen, qui lui apprend que Dieu a pour lui d'autres projets que la prêtrise, est un cataclysme. Cela va cependant le pousser à approfondir ses désirs. Il voudrait être prêtre mais, ce qui prime pour lui, c'est de faire la volonté de Dieu. Ce que Thérèse confirme :

> « L'état sacerdotal est un état sublime, mais il est impossible de l'embrasser en dehors de la volonté de Dieu. Avant tout et par-dessus tout, l'état qui prime tous les autres, c'est de se conformer entièrement à la volonté de notre Père du Ciel[1]. »

Van se soumettra humblement. Après quelques échanges, il apprend qu'il « entrera en religion » avec une « vocation cachée ». Cette vocation est celle d'être force vitale des apôtres missionnaires. En fait, comme sainte Thérèse en son temps, il reçoit l'appel à prier pour les prêtres. Dix ans plus tard, dans une lettre adressée à un ami, et avec le recul de plusieurs années de vie religieuse, il précise :

> « Tu me demandes quand je serai ordonné prêtre ? Je te réponds clairement que jamais je ne serai ordonné prêtre. Dieu m'a confié une autre fonction qui, extérieurement, n'a rien d'honorable, mais qui n'est pas moins importante. Cette fonction consiste pour moi à être une force vitale pour les prêtres. Si je suis entré en religion, c'est pour cette unique raison. [...] Je reconnais ici que la fonction que m'a confiée le Seigneur est très importante, qu'elle consiste à donner la vie aux prêtres. [...] Dieu a donc besoin de la collaboration de certaines âmes,

1. Aut 650

> afin de faire naître chez les prêtres l'abondance de la grâce divine qui les aidera à vivre et à agir conformément à la volonté de Dieu[2]. »

Il est intéressant de voir que cette vocation particulière est préparée par des évènements que Van a vécus dans son parcours en vue de la prêtrise. Ce parcours ne l'a pas formé à être prêtre mais à comprendre intimement ce qu'est le sacerdoce, pour pouvoir prier pour les prêtres. Le fait d'être au contact de plusieurs d'entre eux l'a sensibilisé à la nécessité de les soutenir spirituellement. Il écrit à propos des attitudes légères de son curé à Huu Bang :

> « À la cure, je ne sais pourquoi, j'ai été plus que personne témoin de beaucoup de mauvais gestes entre le curé et les jeunes filles, alors que normalement je n'aurais pas pu les voir [...] Je crois donc que Dieu a voulu me montrer clairement ces choses pour me faire mieux comprendre les prêtres, m'entraîner à souffrir de bon cœur et prier beaucoup plus pour eux. Aujourd'hui je ne suis pas prêtre, et je ne le serai jamais ; cependant il n'est pas certain que parmi les prêtres en titre il y en ait beaucoup qui comprennent bien leur dignité comme je la comprends moi-même. Et pour cette raison, Dieu devait m'attribuer le rôle de collaborateur des prêtres plutôt que la dignité sacerdotale[3]. »

2. Lettre à Nghi, 23 juillet 1952
3. Aut 225

Van n'est pas prétentieux quand il dit comprendre « la dignité sacerdotale ». Il n'a pas une vision cléricale et mondaine de ce qu'est le prêtre mais plutôt surnaturelle. Il voit les prêtres avec les yeux de Dieu, ce qui lui donne une motivation puissante pour les soutenir. Dans les *Colloques*, après son entrée au noviciat, Jésus le rejoint et lui enseigne ce qu'est un prêtre :

> « Marcel : Petit Jésus, dis-moi pourquoi tu aimes tant les prêtres ? Chaque fois que tu parles d'eux, je vois que tu leur témoignes le plus grand respect.
> Jésus : C'est parce que les prêtres sont réellement d'autres moi-même. Leur dignité l'emporte sur celle d'être ma Mère. [...] Dans le ciel, l'âme d'un prêtre sera l'objet de la vénération de tous les saints et de toutes les saintes, y compris notre Mère Marie[4]. »

Le prêtre est un « autre Christ ». Voilà un enseignement traditionnel que Jésus confirme et qui nous pousse à parler des prêtres différemment qu'avec les mots trop humains de la société.

> « Le prêtre d'aujourd'hui est un prêtre tout comme autrefois, ayant le même prestige, la même autorité, et par conséquent méritant le même respect. Il n'y a de différence que pour les marques extérieures de respect qui varient avec les époques.

4. Col 478

> Il est bien certain qu'aujourd'hui on ne peut plus t'obliger à courber le dos, à te cacher la figure et à enlever tes chaussures quand tu passes devant les prêtres ; mais tu n'es pas autorisé pour autant à amoindrir leur caractère sacré. Tu dois encore les respecter, et tu ne peux te permettre de parler comme font les athées qui, dans leur arrogance, n'ont aucune considération pour la dignité surnaturelle du prêtre. Il faut savoir que les prêtres sont les représentants de Dieu, qu'ils sont la présence de Jésus lui-même sur terre[5]. »

Van prend sa mission à cœur. Il ne met pas tel ou tel prêtre sur un piédestal en raison de ses mérites ou de sa personnalité mais pour ce qu'il représente. Il voit Jésus dans le prêtre. Il veut que le prêtre prenne conscience de celui qui agit en lui, précisément quand il est en mission et qu'il donne les sacrements. Pour que le prêtre n'abuse pas de sa position et accueille de manière purifiée la grandeur de sa dignité, Van prie beaucoup pour les prêtres et Jésus lui transmet les formules appropriées pour cela. Comme :

> « Durant tout ce jour, tu me répéteras cette prière : "ô Jésus, Roi d'Amour, fais que le règne de ton amour s'enracine profondément dans le cœur de tes prêtres[6]." »

5. *Monsieur le MOI*, AE 21-22
6. Col 31

Van n'est donc pas devenu prêtre mais possède « une âme de prêtre » comme lui dit sainte Thérèse quand il demande pourquoi Dieu ne veut pas qu'il soit prêtre. Une âme sacerdotale qui se définit par une vie de prière et de sacrifice, rien de moins. Ces mots nous aident à comprendre que tout le respect dû au prêtre n'est pas courbettes et flatteries mais émerveillement devant le don que Dieu fait à ses enfants pour leur donner la vie. Cet enseignement, en des temps différents de ceux de Van, mérite d'être médité.

LES PRÊTRES QUI S'ÉLOIGNENT OU NE SONT PAS AJUSTÉS

Il est important de comprendre combien Jésus aime les prêtres. Il les a appelés gratuitement pour se transmettre lui-même et leur communiquer sa miséricorde. Il vient en quelque sorte prendre possession d'eux afin de se rendre présent. L'infidélité des prêtres est une grande souffrance pour Jésus. Il parle à Van d'une « classe de prêtres » qui s'éloignent de leur vocation.

Van croit comprendre de quoi Jésus parle car il a vu des prêtres profiter de leur état pour se servir, or un prêtre ne se comprend que comme serviteur.

> « Beaucoup de prêtres se servent de mon nom pour conduire à leur perte un grand nombre d'âmes…

> Je dis à ces prêtres : "J'ai soif des âmes" ; et pourtant ils n'ont aucun souci de m'en donner. Imitant les bourreaux, ils m'abreuvent de vinaigre et n'osant s'approcher de moi, ils me tendent ce breuvage au moyen d'un roseau… Oh !… Comme je souffre d'une pareille conduite… Prie pour ces prêtres malheureux[7]. »

Pour un prêtre, ces paroles tiennent lieu d'électrochoc. Mais pour un jeune, qui côtoie peut-être des prêtres, elles peuvent aider à prendre conscience que tous les états de vie sont liés. Le prêtre n'est pas seulement un serviteur du peuple de Dieu mais il en est un membre solidaire qui bénéficie de la prière de ses frères et sœurs chrétiens. Certes, tout le monde n'a pas la mission de Van mais chacun peut être vigilant, afin que les prêtres ne s'éloignent pas de l'appel reçu.

Je sais que ces paroles mystiques peuvent être relativisées ou regardées de haut par certains chrétiens, pourtant elles sont comme une alerte face aux dérives d'un clergé qui a oublié d'où il vient. La prière est un moyen efficace pour convertir les cœurs attiédis :

> « Ô mon petit frère, reste aujourd'hui près de la croix, embrasse mes pieds et ne cesse de répéter : "ô Jésus, je t'aime pour les prêtres qui ne t'aiment pas. Fais que ton Amour pénètre librement au plus

7. Col 10

> intime du cœur des prêtres. Fais que les prêtres fervents soient remplis de zèle pour ton Amour."
> Petit frère, rappelle-toi toujours ceci : la voix qui dans le monde rejette mon Amour est sortie tout d'abord de la bouche de prêtres ; c'est pourquoi il faut maintenant que la voix des prêtres s'élève pour protéger mon Amour dans le monde. Sinon, le monde sera malheureux[8]. »

Ce drame qui se joue par l'infidélité des prêtres, Van le perçoit un soir de méditation où il voit Jésus « vêtu des ornements sacerdotaux qui s'enfuyait en soupirant ». Après avoir été pris dans les bras de Jésus, Van voit « ensuite un grand nombre de prêtres armés de bâtons qui s'avançaient vers l'endroit où se tenait Jésus[9] ».

Cette image développe chez Van la certitude qu'« une fois que le prêtre est perdu, le monde ne peut que tomber dans un état infiniment pitoyable[10] ». C'est un stimulant pour prier pour les prêtres afin qu'ils reviennent à leur appel premier.

Cette prière, Jésus la demande particulièrement pour les prêtres de France. On voit dans les *Colloques* un attachement très fort qui se concrétise par un appel à la vigilance devant les attaques de l'Adversaire.

---

8. Col 477
9. Col 154-155
10. Aut 225

Sainte Thérèse vient en soutien de Jésus et demande que Van récite durant le mois de janvier 1946 la prière suivante :

> « Ô Jésus, nous t'en prions, règne dans le cœur des prêtres de France ; qu'ils soient livrés tout entiers à ton amour. Donne aux prêtres du pays que tu aimes tant, un zèle ardent pour l'expansion du règne de ton amour dans le monde entier. »

Il est étonnant de lire les mots de Jésus environ à la moitié du XXe siècle. Les décennies qui suivront verront en France, comme dans de nombreux pays occidentaux, le déclin massif de la foi chrétienne avec en parallèle un nombre immense de prêtres qui quitteront le sacerdoce, pendant que d'autres dans le secret commettront des abus sexuels, finalement révélés avec l'ampleur que l'on connaît au début du XXIe siècle.

Loin de nous décourager, les paroles de Jésus doivent nous réveiller aujourd'hui, afin que notre Église se relève de ses chutes. Les enjeux sont immenses et il s'agit de prendre au sérieux les paroles sorties du cœur de Dieu pour que nous ayons la vie.

L'alerte étant entendue, il faut souligner que Jésus mentionne heureusement la beauté des prêtres dévoués. Van en a croisé sur son chemin. Ils sont de ces prêtres qui l'ont nourri et lui ont donné envie d'aimer Jésus. À travers leurs témoignages, nous pouvons retirer quelques enseignements de la place du sacerdoce dans notre vie et celle de l'Église.

LES PRÊTRES DE VAN NOUS ÉCLAIRENT SUR LE SACERDOCE

> « Jésus : Une chose cependant me console un peu, c'est que beaucoup de prêtres savent encore m'aimer... Vraiment, ces prêtres forment autour de moi comme un bouclier qui me protège contre les traits provenant des prêtres malheureux... J'ai une prédilection pour ces bons prêtres, je fixe sur eux mon regard, je me réjouis avec eux, je ne cesse d'être leur guide et leur soutien[11]. »

Plusieurs prêtres rayonnants, dans la vie de Van, offrent donc un contraste saisissant avec ceux qui font pleurer Jésus.

Le premier, dans l'ordre chronologique, est son curé d'enfance. C'est lui qui lui donne Jésus pour la première fois à travers l'Eucharistie. Il accepte de voir Van tel qu'il est. Il sait dépasser l'aspect physique de Van qui est tout petit, pour voir sa foi et ne pas l'empêcher d'avancer à son rythme. En ce sens, il fait preuve d'un beau discernement pastoral au service du bien de ses fidèles. Il ne s'enferme dans les règles mais voit Van comme une personne prête à avancer. Dans la préparation à la communion, Van se souvient :

> « En nous interrogeant, il employait toujours des paroles simples, empreintes de douceur et

11. Col 10-11

d'intimité, de sorte que tous nous l'aimions et pouvions répondre aisément à ses questions[12] ».

C'est ce même prêtre qui l'accueille pour une confession générale[13] peu de temps avant sa grâce de la nuit de Noël 1940, ouvrant certainement son âme au cadeau que Jésus a prévu de lui donner ce soir-là. Van a décidé d'exposer toutes les circonstances difficiles de sa vie. Il vient de s'enfuir de la cure de Huu Bang et le climat est très difficile, très tendu, à la maison. L'Abbé Nghia lui dit ces paroles qu'il retient au point de les réécrire quelques années plus tard dans son *Autobiographie* : « Accepte de bon cœur toutes ces épreuves et offre-les à Dieu. Tu peux croire que si Dieu t'a envoyé la croix, c'est un signe qu'il t'a choisi. »

Ces mots ont le mérite de lui donner la paix. Nous voyons ici combien la place du prêtre est importante dans l'accompagnement des sacrements. Humble serviteur, le prêtre laisse passer les grâces que Dieu veut pour ses enfants, sans tambour ni trompette, dans le secret d'un confessionnal.

Le deuxième est le père Drayer Dufer que Van rejoint lorsqu'il a l'opportunité de quitter la triste cure de Huu Bang pour le petit séminaire tenu par les dominicains, à Lang Son. Van n'a pas l'habitude d'être traité avec douceur. Et pourtant, durant son passage à Lang Son, il goûte la présence de religieux qui se mettent à son niveau. Van a 14 ans. Il est naturellement

12. Aut 80
13. Il s'agit de la relecture totale de sa vie à un moment décisif de sa vie. Elle est par exemple pratiquée dans les exercices spirituels de saint Ignace.

terrifié par les pères européens mais ceux-ci savent l'accueillir. Les lettres de Van à partir de son entrée au noviciat (6 lettres en 8 ans) montrent combien il est touché et désireux de manifester sa reconnaissance. Le père Drayer Dufer montre un esprit pédagogue afin de l'amener à sortir de ses tristesses. Le scoutisme que le père initie fait un bien fou à Van qui voit en lui tour à tour les attitudes d'une mère et d'un père :

> « Il était bon et avait le regard doux comme celui d'une maman. On lui voyait toujours le visage épanoui par un bon sourire, encadré d'une barbe clairsemée. Ce sourire laissait bien voir qu'il était toujours prêt à pardonner et à protéger. Il s'occupait spécialement des petits et, grâce à sa charge d'économe, les friandises tombaient facilement de ses mains dans celles de plus jeunes qui avaient la maladie de pleurnicher… […] Je constatais que j'étais choyé comme dans ma famille, si bien que mon amour pour les Pères était fort et profond comme celui que j'éprouvais pour ma famille. Depuis le jour de mon entrée à la cure comme aspirant au sacerdoce jusqu'à maintenant, c'était la première fois que je voyais des Pères agir d'une manière vraiment paternelle. Je les appelais Pères, et jamais je n'ai eu besoin de me demander pourquoi ils étaient mes Pères, car leur attitude était on ne peut plus paternelle[14]. »

14. Aut 527-528

Le troisième est le père Antonio Boucher qui est son maître des novices et son « directeur spirituel ». Cette expression, marquée par une époque, ne dit pas toute la richesse de l'accompagnement réalisé par le « père spirituel » de Van car il a vraiment été un « père ». Sans prendre la place de son père de sang, le père Boucher est celui qui l'aide à grandir humainement et discerne la vérité de sa vie mystique. Il l'accompagne, le tempère, l'encourage, suivant les nécessités du moment. Leurs échanges épistolaires révèlent une affection ajustée. Habituellement, les mots de fin sont « Je te bénis et continue à prier pour toi », mais quand la souffrance se fait plus grande, le père Boucher a des mots comme « Mon cher enfant en Jésus-Christ ». Jésus lui-même pousse Van à la confiance car c'est lui-même qui la lui a donnée :

> « Petite fleur toute belle à mes yeux, abandonne-toi alors à ma main : « ton directeur » ; laisse cette main te parer à son gré, de façon que le maître du parterre trouve sa joie à admirer ta beauté... [...] Quand ton cœur sera dans la peine, n'oublie pas de dire à ton directeur tout ce qui se passe car l'ennemi choisira précisément cette occasion pour essayer de nuire à l'amour que je manifeste aux âmes... [...] Garde une entière confiance en ton directeur comme en moi-même, c'est là que tu trouveras alors mon amour[15]. »

15. Col 56-57

Le maître-mot de cette relation est la confiance qui s'établit entre deux êtres qui ne veulent que la gloire de Dieu. Chacun sait à sa place qu'il contribue à l'édification du Royaume de Dieu.

Par la suite, une fois bien lancé dans la vie religieuse, Van garde contact avec le père Boucher et lui manifeste une gratitude immense. Il est touchant de voir combien l'ouverture d'un fils spirituel permet au prêtre de donner ce qu'il a de meilleur mais aussi de grandir lui-même en sainteté. Le père Boucher est marqué par cet accompagnement spirituel au point de demander lui-même l'ouverture d'un procès de béatification.

Le témoignage de ces trois prêtres, ainsi que tout ce qu'on peut lire tant dans les *Colloques* où « le Ciel » nous enseigne, que dans les lettres où Van partage ses convictions, tout nous montre la beauté du sacerdoce. En un temps de doute sur la place des prêtres, il est intéressant de lire cette vie de Van. Nous comprendrons tour à tour que le sacerdoce est un don de Dieu, que les prêtres sont les pasteurs de nos âmes et que, malgré leurs péchés, qu'il faut dénoncer, le monde a plus que jamais besoin des prêtres. Consolateurs du Cœur de Jésus qui a soif des âmes, ils sont appelés à se tenir d'abord en prière auprès de Celui qu'ils servent, pour ensuite Lui apporter ceux qui sont destinés à vivre en communion avec leur Bien-aimé.

Van n'est donc pas prêtre mais il veut que Jésus choisisse un prêtre pour le remplacer :

> « Est-ce que je ne pourrais pas quand même lui demander de communiquer à une âme de son choix tous les désirs et tous les projets que je me proposais de réaliser dans ma vie sacerdotale, afin que, grâce à cette âme, mes désirs d'apostolat missionnaire puissent devenir réalité ? »
> Sainte Thérèse lui répondit : « Pour se conformer à ton désir, Jésus veillera à choisir une âme qui tiendra ta place, comme tu le désires[16]. »

Ce passage a fait réagir plusieurs prêtres qui, en le lisant, se sont reconnus en affirmant : « Ce prêtre c'est moi ! » Preuve que Van inspire aujourd'hui mystérieusement le cœur de ceux qui veulent se consacrer au Seigneur.

16. Aut 652

PAROLE DE DIEU

« Il n'y a pas de plus grand amour que de donner sa vie pour ceux qu'on aime. Vous êtes mes amis si vous faites ce que je vous commande. Je ne vous appelle plus serviteurs, car le serviteur ne sait pas ce que fait son maître ; je vous appelle mes amis, car tout ce que j'ai entendu de mon Père, je vous l'ai fait connaître. Ce n'est pas vous qui m'avez choisi, c'est moi qui vous ai choisis et établis, afin que vous alliez, que vous portiez du fruit, et que votre fruit demeure. Alors, tout ce que vous demanderez au Père en mon nom, il vous le donnera » (Jn 15, 13-16).

CE QUE NOUS DIT THÉRÈSE

« Le cri de Jésus sur la Croix retentissait aussi continuellement dans mon cœur : « *J'ai soif* ! » Ces paroles allumaient en moi une ardeur inconnue et très vive… Je voulais donner à boire à mon Bien-Aimé et je me sentais moi-même dévorée de la *soif* des âmes… Ce n'était pas encore les âmes de prêtres qui m'attiraient, mais celles des *grands pécheurs*, je *brûlais* du désir de les arracher aux flammes éternelles… »

Histoire d'une âme, Ms A 45v

PROPOSITIONS POUR AGIR

– Écoute sur Internet des témoignages de prêtres ou d'évêque. (Tu peux en trouver sur KTO-TV, à l'occasion de la nomination d'un prêtre comme évêque.)

– Donne ta confiance à un prêtre en lui livrant ce qu'il y a de plus grand dans tes désirs spirituels. Partage ce qui t'anime.

– Comme Van, force vitale des prêtres, offre un effort pour la sanctification des prêtres.

PRIÈRE

Seigneur Jésus,

règne dans le cœur des prêtres.

Que ton Amour pénètre librement au plus intime de leurs cœurs et qu'ils soient livrés tout entiers à ton Amour.

Donne-leur un zèle ardent pour étendre ton règne et plonger la terre entière dans le brasier de ton Amour.

Qu'ils se rapprochent de Toi pour Te consoler et Te protéger des blessures que t'infligent les prêtres qui se sont égarés loin de toi.

Apprends-nous à t'aimer pour les prêtres qui ne t'aiment pas assez et reçois le don de ma vie pour que je devienne, à la suite de Van, une force vitale pour tes prêtres.

Amen !

9

Avec Van, vivre l'enfance spirituelle

« Amen, je vous le dis : si vous ne devenez pas comme les enfants, vous n'entrerez pas dans le Royaume des Cieux. Mais celui qui se fera petit comme cet enfant, celui-là est le plus grand dans le Royaume des Cieux » (Mt 18, 3-4).

Il est probable que cette citation de Jésus ne soit pas celle qui marque le plus un jeune lecteur sortant de l'adolescence ou entrant dans l'âge adulte. Il a certainement soif de croissance et non de régression à un âge qu'il se réjouit d'avoir dépassé. L'enfance est derrière lui. Étape fondamentale où il a reçu le bagage nécessaire pour faire de sa vie quelque chose de grand.

Pourtant il faut bien se demander ce que Jésus veut nous enseigner en nous appelant à devenir « enfant ». Nous percevons l'importance de mettre en application cette parole car de là ne découle rien de moins que notre entrée dans le Royaume des Cieux.

En contemplant la vie de Van, son style, les choses vont s'éclairer car Van fait partie de ces témoins de l'Amour de Dieu qui se sont mis, dans les pas de sainte Thérèse, sur un chemin qu'on appelle aussi « petite voie ». Cette voie de l'enfance, Van l'a suivie grâce à l'enseignement que Thérèse lui a prodigué. En regardant de près, on peut voir que deux béatitudes enseignées par Jésus sont les fondements de cette attitude spirituelle.

ESPRIT DES BÉATITUDES

UN ENFANT AU CŒUR DE PAUVRE

« Heureux les pauvres de cœur, car le royaume des Cieux est à eux » (Mt 5, 3).

L'homme n'a pas besoin de trop réfléchir pour voir qu'il n'est pas le centre du monde. Il est un être limité dans l'espace et le temps. Ses pensées sont bien pauvres face à l'histoire de l'humanité. De cette constatation découlent deux attitudes contraires : la révolte et le consentement.

La révolte se manifeste par l'illusion de pouvoir dominer malgré tout. Elle est un entêtement dans l'erreur. Elle ne se manifeste pas toujours par les formes les plus extrêmes comme la prise de pouvoir par la force dans un pays ou au sein d'une société, mais elle se voit dans les interrelations, spécialement au travail ou dans les familles. Cela consiste à se mettre d'une manière ou d'une autre à la première place.

L'attitude du consentement est celle que nous retrouvons chez Van et les saints. Chassant le « moi » égocentrique, accueillant sa finitude, le saint comprend que sa place est unique, bien que non englobante. Le pauvre de cœur est celui qui se reconnaît petit. C'est celui qui prendra sa part humblement dans la vie du monde et dans la famille de Dieu.

À ce sujet, Van a écrit, dans ce qu'on appelle les *Autres Écrits*, un petit document intitulé : « N'est-il pas vrai que Monsieur le MOI est toujours un personnage vénérable ? » Là, par des réflexions pleines de bon sens, il commente les phrases entendues ici où là dans sa congrégation. Il repère les tentations de ses frères de se mettre en avant, surtout les plus âgés qui croient être de bons religieux alors que leurs attitudes laissent à désirer. Ce texte a l'acuité d'un jeune frère qui regarde presque naïvement la vie religieuse dans laquelle il vient d'entrer. Écrit seulement pour son père spirituel, il montre que le chrétien est appelé à vivre l'humilité. Il est un pauvre qui ne peut s'appuyer sur lui-même. Il doit tout recevoir de Dieu qui est son unique force, son unique sainteté.

Cette attitude est bien difficile à vivre, reconnaissons-le, car sans cesse revient ce « moi » qui désire dominer. Dans la vie religieuse, l'obéissance au supérieur est le signe de cette humilité. L'obéissance religieuse dompte l'orgueil de croire que l'on peut être le maître.

> « Considère bien que cette volonté de Dieu se cache dans les supérieurs, de sorte que tu dois

toujours leur obéir malgré toutes les difficultés, si tu veux faire preuve d'un véritable amour pour Dieu[1]. »

Nous ne sommes pas tous appelés à être des « religieux », consacrés dans une communauté, cependant, cet esprit de soumission à une autorité légitime est un bon exercice pour signifier notre désir de ne pas nous mettre à la première place. Cela ne nous empêchera pas de donner notre avis, de prendre notre place paisiblement mais cela nous exercera à l'humilité.

Chez Van, la pauvreté de cœur se manifeste aussi par le fait qu'il se rend compte de la valeur des choses et qu'il se sent redevable de tout ce qui existe, de tout ce qui l'entoure. Il se considère comme un enfant béni du Père. Certes, il lui faut un peu de temps pour l'assimiler mais combien a été déterminante sa rencontre avec sainte Thérèse qui lui a offert une catéchèse magnifique sur le Père des Cieux. Certain de l'attention permanente de Dieu pour lui, certain que ce Père est là pour prodiguer ses bienfaits à chaque instant et en abondance, Van entre dans la confiance. Il peut tout recevoir de Dieu et ne pas s'offusquer des manques qu'il perçoit en lui. Il demande simplement comme un petit enfant dépendant, ce dont il a besoin. C'est ce qui fait la joie de Van. Une joie enracinée dans la foi. Une joie possible car son cœur est détourné de sa faiblesse. Celle-ci ne le rend plus triste, elle est au contraire un tremplin vers l'amour.

1. AE, carnet 4, 10

« Si on se moque de ta voix, de ta manière de rire, si on s'impatiente parce que tu manques de distinction, de délicatesse dans les paroles, reste en paix et reconnais que tu es vraiment pauvre, incapable même de t'exprimer par de belles paroles... Quelle que soit la conduite des confrères envers toi, accepte tout avec simplicité. Si on doute de tes sentiments, reste tranquille, et garde le sourire, montrant par-là que tu ne veux faire de peine à personne. Si quelque confrère ne cesse de rappeler ses manquements à ton égard, ne lui réponds pas mais reste toujours souriant ; il suffit que tu ne gardes rancune envers personne. Si quelqu'un te soupçonne encore de lui en vouloir, tâche de l'endurer. Cher petit frère, je sais que tu es bien faible et qu'un rien suffit à t'arracher des larmes ; accepte tout cela de bon cœur, et sois heureux d'offrir tes larmes à Jésus[2]. »

Nous aussi, nous pouvons nous accueillir tels que nous sommes et offrir à Jésus nos faiblesses sans nous rebeller contre ceux qui profitent de celles-ci pour se rehausser.

UN ENFANT AU CŒUR PUR

« Heureux les cœurs purs, car ils verront Dieu » (Mt 5, 8). « Redevenir enfant » comme Jésus nous le demande, c'est accueillir sa petitesse mais c'est aussi retrouver un cœur pur.

2. Col 146-147 de Thérèse à Van

Les attributs de la pureté ici sont certainement la transparence, la sincérité, la simplicité.

En fait, Dieu demande de ne pas se cacher devant Lui. Se cacher, c'est d'une certaine manière avoir en soi quelque chose de troublé qu'on ne veut livrer. Bien sûr, il est normal de ne pas être totalement transparent aux yeux des autres car avant cela, il faut établir une confiance. Le monde est dur et se découvrir c'est prendre le risque d'être attaqué. Mais en ce qui concerne Dieu ? Comment croire que Dieu se servira de nos failles pour nous faire du mal ? Lui, le Dieu créateur, le Dieu donné !

« Retrouver un cœur pur, un cœur d'enfant », c'est comprendre que seul Dieu peut me combler, me nourrir, me guérir, me grandir. C'est en quelque sorte revenir à l'attitude d'Adam et Ève avant la Chute. Ils étaient nus, ils n'avaient aucune honte. Ils étaient devant Dieu sans peur. Il n'y avait pas de duplicité en eux. Tout ce qu'on peut contempler dans un tout petit enfant !

Dans sa jeunesse, Van a reçu une certaine peur de Dieu. Heureusement il a entendu ces paroles, déjà citées :

> « Voici, quand tu parles au bon Dieu, fais-le en toute sincérité, comme si tu parlais avec ceux qui t'entourent. Tu peux lui raconter tout ce que tu veux[3] ».

On comprend là que Dieu se réjouisse de la spontanéité qui manifeste l'authenticité.

---

3. Aut 600

Demander un cœur pur, c'est voir autour de nous ce qui est beau et c'est rejeter les ténèbres qui blessent le cœur. C'est connaître la véritable valeur des choses et ne pas se laisser prendre par l'esprit du monde. Van est bien éduqué à ce sujet quand sa maman le met en garde contre les fausses lumières qui attirent mais déçoivent, et éloignent de Dieu. C'était lors d'une sortie dans la petite ville de Bac Ninh :

> « Les vitrines des magasins étaient brillamment illuminées au moyen d'ampoules électriques de toutes couleurs et de toutes formes. C'était vraiment beau à voir. Cependant, ma mère, pour éviter que ces choses extérieurement belles et grandioses ne séduisent mon cœur, me serrait dans ses bras et pendant que le tire-pousse nous ramenait à l'auberge, elle m'expliquait que ces beautés fastueuses sont incapables de donner au cœur de l'homme un bonheur durable, qu'elles ne peuvent au contraire que lui rendre la vie plus amère, s'il ne porte pas plus haut ses désirs. Et elle concluait : il n'y a que l'amour de Dieu qui soit stable, et ce qu'il y a de plus beau, c'est d'accomplir parfaitement la volonté de Dieu d'un cœur joyeux[4]. »

A fortiori en ce XXIe siècle, en Occident, nos cœurs doivent recevoir les enseignements de la maman de Van pour garder un cœur pur devant ce qui nous illusionne en nous incitant à

4. Aut 119

la convoitise. Le seul bien que nous voulons convoiter, c'est Dieu ! Lui nous accomplira et nous fera vivre de sa Vie.

Un signe de la pureté du cœur qui vient en nous, ce sont les larmes. Je ne parle pas des larmes qui viennent d'une grande sensibilité naturelle. Van a bien cette sensibilité mais sa pureté de cœur l'entraîne dans des larmes de compassion ou d'émerveillement. Ces larmes sont d'un grand prix aux yeux de Dieu car elles révèlent la vérité de l'âme humaine. Les larmes authentiques ne mentent pas et montrent la vérité du cœur. C'est ce que sainte Thérèse exprime à son « cher petit frère » dans des vers qu'on retrouve dans les *Colloques* :

> « Rappelle-toi, petit frère,
> Que tes larmes répandues comme une douce rosée,
> Tu les verras plus tard comme une pluie fine,
> Tombant du ciel sur la terre[5]. »

Ces larmes viennent féconder la terre et de ces larmes peut jaillir la vie. Elles sont traces de notre humanité faite pour l'amour, prenant leur source dans l'amour.

---

5. Col 135, 1

L'ÉMERVEILLEMENT

La conséquence réjouissante de la pratique des deux béatitudes que nous venons de méditer, c'est l'émerveillement qui naît dans le cœur de celui qui les vit.

Le petit enfant vit justement cela. Pauvre de presque tout, il va s'étonner de ce que les choses sont devant lui. Commençant sa vie, son regard est pur et neuf devant ce qui est. Il est alors comme tendu vers ce qui lui est donné. C'est d'ailleurs l'étymologie du mot « émerveillement » : *ex mirabilia*, il y a des « merveilles devant » nous. Le cœur d'enfant n'a qu'à les contempler pour se réjouir. Elles lui sont données. Et le chrétien, lui, voit la gloire de Dieu en ces choses. Il reprend les mots de Dieu lors de la création, « Cela était bon », et il applaudit.

Nous sommes appelés à goûter la bonté des choses que Dieu a créées et à faire grandir en nous la perception que nous sommes dans un monde rempli de cette gloire de Dieu.

J'ai personnellement été touché par la question métaphysique qui dit : « Pourquoi les choses sont-elles alors qu'elles pourraient ne pas être ? » Le saisissement m'a fait comprendre qu'elles sont « dons de Dieu ». Et nous, essayons de réfléchir à cette fameuse question. Pour y répondre, aidons-nous de ce que Dieu a semé dans l'Histoire sainte du Peuple de Dieu. Nous trouverons peut-être comme réponse que tout est au service de l'Humanité. Oui, ce monde est bon et il est pour nous. Il est reflet de Dieu qui y a semé de Lui-même pour nous attirer à Lui. Et chacune de ces créatures reflète des accents particuliers de Dieu.

Il faut bien reconnaître que l'émerveillement est un défi pour notre temps car la banalisation d'outils techniques et technologiques de grande qualité peut nous faire porter un regard blasé sur la simplicité de l'être. Oui, l'être des choses est une merveille qui mérite d'être soulignée par un élan intérieur. Pour un Occidental du XXIe siècle, redevenir petit enfant serait regarder les êtres les plus banals comme ce qu'il y a de plus fantastique. Cela nécessite un regard neuf sur les êtres, le regard d'un enfant qui se disait tout étonné en regardant une araignée : « Ça bouge tout seul. »

Oui, combien d'êtres bougent tout seuls pour notre joie, sans que nous ne nous en réjouissions ?

VAN S'ÉMERVEILLE DE LA CRÉATION

Pour le coup, Van n'a rien d'un blasé. Nous avons déjà vu que Van, comme garçon de la campagne vietnamienne, sait se réjouir de ce qu'il voit. Spécialement des plantes et des animaux dont il est très proche. Comme scout, son âme s'est ouverte aux beautés données par Dieu. Il se laisse pénétrer par les éléments de la création qui deviennent « icône » du créateur.

Il faut lire et relire ce beau passage de Van qui est en balade, au début de sa vie :

« En ce temps-là, les soirées les plus joyeuses étaient ces soirées d'été où mon père m'emmenait en promenade dans les champs. Les prairies verdoyantes ne faisaient encore naître en mon âme aucune émotion. J'aimais l'immensité des prairies en fleurs et les rizières jaunissantes. J'aimais jouer dans l'herbe, cueillir des fleurs, poursuivre les papillons, j'aimais chanter et jouer avec la brise du soir. Ah ! J'aimais, j'aimais mille choses, mais je les aimais uniquement parce qu'elles étaient belles. Pour ce qui est des joies spirituelles, comme l'union à Dieu dans les prairies verdoyantes, ou la voix du cœur murmurant avec les fleurs, je n'avais encore rien de tout cela. Je n'éprouvais encore aucune émotion sensible en face de ces nobles joies. Parce que mon âme était encore petite comme un tendre bourgeon, les rayons du soleil ne l'avaient pas encore pénétrée, sa beauté restait encore cachée dans un cadre naturel[6]. »

Nous percevons que ce qui lui est donné est d'abord d'accueillir la Création comme un don naturel. Puis en grandissant, il prend conscience que ces créatures sont le reflet de choses spirituelles. Nous pouvons nous émerveiller de la pédagogie de Dieu qui, dans son plan d'amour pour les hommes, se sert des autres créatures comme d'un appât pour donner le goût de Lui-même, ou tout au moins, pour construire humainement

6. Aut 21-22

ses enfants. Une pédagogie qui passe aussi par le jeu et l'imaginaire d'un enfant dans la nature. Nous avons peut-être bénéficié nous-même d'un jardin, d'une forêt, d'un bord de rivière devenu le temps d'un week-end, de vacances, un havre de paix pour notre croissance intérieure ?

VAN DEVIENT POÈTE

Pour Van, tous ces éléments naturels forment comme un grand réservoir d'inspiration pour partager ses sentiments à Jésus. L'amour peut s'exprimer dans un « je t'aime » mais celui-ci ne peut pas toujours rendre compte de la puissance des sentiments. Van utilise donc la poésie, s'appuyant très souvent sur la beauté et la variété de la création.

Il n'est pas facile de savoir ce que ces vers valent au niveau des rimes et de la rythmique vietnamienne, mais nous pouvons toute même contempler sa capacité à voir les créatures dans leurs rapports symboliques. Toute chose peut évoquer une autre chose et aider à faire comprendre des sentiments profonds.

Van utilise beaucoup les saisons pour présenter l'état de son âme. Le soleil, le vent, les nuages et bien évidemment les fleurs. L'influence de sainte Thérèse sur lui est très nette mais il faut tout de même remarquer que cela lui provient certainement de plus loin, de sa sensibilité naturelle.

Il y a aussi l'influence biblique, volontaire ou non, qu'il est possible de discerner. Dans le poème qui suit, nous retrouvons

« tout » Van, à la fois par la simplicité mais aussi par l'image du jardin reprise du Cantique des cantiques. L'âme de Van est bien comme cette épouse qui souhaite la venue du bien-aimé. Il souhaite lui faire profiter de ses parfums. Il est vrai que nous ne sommes pas tous sensibles à cette dimension mais nous pouvons, pour notre part, contempler la beauté de l'âme de Van qui n'a qu'un désir : être uni à son bien-aimé.

> « Jésus, mon ami, viens dans ton jardin ;
> Contempler l'iris au parfum pénétrant,
> Les roses aux couleurs nuancées
> Dans la vive lumière d'un joyeux printemps.
> Jésus, mon ami, je t'attends ici,
> Dans l'ombre et la fraîcheur des grands arbres ;
> Viens entendre le poème de mon cœur,
> Chant d'amour d'une voix d'enfant.
> Voix d'enfant qui te chante un joyeux refrain,
> Voix d'enfant qui te dit toute son affection,
> À toi, Jésus, l'ami très intime,
> Que j'aimerai toujours de toutes mes forces.
> Allons, reviens, je t'attends ici même.
> Reviens, mon cœur est tout à l'envers,
> Tant il désire te regarder à satiété.
> Allons, reviens ! C'est l'appel de l'amour passionné[7]. »

7. AE 81

VAN ÉTEND CET ÉMERVEILLEMENT AUX HOMMES

Qu'on ne s'y trompe pas ! L'amour que Van porte aux créatures de la nature n'est pas une fuite de l'homme. En effet, devant les péchés qui sont dans le cœur de l'homme, la nature pourrait être un refuge. Elle est en fait une bouffée d'oxygène pour mieux aimer ses frères.

Plus profondément, Van découvre la présence de Dieu en chacun.

Il est d'ailleurs un passage essentiel pour comprendre la beauté de la relation que Van veut entretenir avec les êtres humains, spécialement ceux de sa communauté. Pour l'exprimer, il utilise, comme à son habitude, une image prise dans la nature :

> « Bien entendu, à part Jésus Rédempteur et sa Sainte Mère, les saints, quel que soit leur degré de vertu, restent encore sujets à des imperfections. Mais ces imperfections ne méritent pas qu'on s'y arrête. Elles sont souvent comme une écorce dure et rugueuse qui recouvre une amande délicieuse : il faut savourer l'amande et non pas mâcher l'écorce. Je constatai donc que, parmi ces saints confrères, untel qui, pratiquant une pauvreté extrême, était encore imparfait dans l'exercice de la charité ; un autre au contraire qui pratiquait la charité manquait souvent à la Règle ; un troisième avait

un tempérament bouillant, mais était très généreux, etc. Tous étaient sincères, et leur conduite était pour moi un modèle qu'il m'était loisible de contempler pour m'instruire sur la vie du Divin Rédempteur. Je puis même affirmer que Jésus Rédempteur se cachait en eux pour pratiquer la vertu, afin de m'apprendre à l'imiter. Il ne pratiquait pas parfaitement toutes les vertus en un seul confrère, mais il répartissait ces vertus sur plusieurs d'entre eux, pratiquant en chacun une vertu différente. Je pouvais donc chez tel confrère, apprendre la pratique de la charité, chez tel autre la pratique de la mortification. Et, en me mettant à ce point de vue, je sentais le besoin de vivre plus intimement avec les confrères, sans laisser personne de côté, puisque tous sont des modèles dont le bon Dieu veut que je me serve pour orner mon âme. Ou, pour parler d'une façon plus appropriée, ils sont les couleurs que Dieu m'a préparées pour embellir l'image du "Divin Rédempteur" vivant en moi[8]. »

Qu'il est beau de voir que Van regarde ses frères non pas d'abord avec leurs fautes ou leurs limites mais avec des qualités qu'il peut contempler d'une part, puis pratiquer d'autre part en les imitant. Van a, en cela, un regard pur qui ne s'arrête pas jalousement sur les qualités ou avec violence sur les défauts qui pourraient le déranger.

---

8. Aut 815-816

LOUER DIEU

La voie de l'enfance qui conduit à l'émerveillement par les attitudes profondes du cœur ne s'arrête pas à une sorte d'étonnement extatique mais trouve son achèvement, son sens, dans la louange adressée à Dieu. Si Dieu fait des merveilles, si je les vois vraiment, alors mon cœur ne peut que se tourner vers lui et reconnaître qu'Il est celui qui a fait toute chose, par amour et pour l'humanité.

> « Louez le Seigneur depuis la terre [...] les rois de la terre et tous les peuples, les princes et tous les juges de la terre, tous les jeunes gens et jeunes filles, les vieillards comme les enfants[9]. »

L'appel à la louange nous est donc donné conjointement par la parole de Dieu et par les créatures qui nous tournent vers les hauteurs.

Cette louange monte de nos cœurs car nous recevons tant et avec une telle gratuité. Van nous apprend à ne pas être ingrats mais plutôt à courir vers Dieu et à lui dire le plus simplement du monde ce qui est dans notre cœur : des mercis sans fin !

> « J'offre à Dieu un merci débordant d'amour, pour louer sans fin la tendresse de son cœur miséricordieux[10] ».

9. Ps 148, 7.11-12
10. Aut 219

PAROLE DE DIEU

« Alors Jésus appela un petit enfant ; il le plaça au milieu d'eux, et il déclara : "Amen, je vous le dis : si vous ne changez pas pour devenir comme les enfants, vous n'entrerez pas dans le royaume des Cieux. Mais celui qui se fera petit comme cet enfant, celui-là est le plus grand dans le royaume des Cieux" » (Mt 18, 2-4).

CE QUE NOUS DIT THÉRÈSE

« Vous le savez, ô mon Dieu, je n'ai jamais désiré que vous *aimer*, je n'ambitionne pas d'autre gloire. Votre amour m'a prévenue dès mon enfance, il a grandi avec moi, et maintenant c'est un abîme dont je ne puis sonder la profondeur. L'amour attire l'amour, aussi, mon Jésus, le mien s'élance vers vous, il voudrait combler l'abîme qui l'attire, mais hélas ! ce n'est pas même une goutte de rosée perdue dans l'océan ! »

Histoire d'une âme, Ms C 34v-35r

PROPOSITIONS POUR AGIR

– Prends le temps de sortir de chez toi pour marcher dans un parc ou dans la campagne. Choisis si possible un point haut avec de la vue et loue le Seigneur pour sa création.

– Renonce à des penchants qui t'éloignent de Dieu. Du moins, commence par un premier pas de ton choix.

– Réfléchis à ce que tu apprécies chez les personnes avec qui tu vis. Trouve une occasion pour leur dire ton admiration pour tel comportement.

PRIÈRE PAR LE PÈRE DE GRANMAISON

Sainte Marie, Mère de Dieu,

gardez-moi un cœur d'enfant, pur et transparent comme une source.

Obtenez-moi un cœur simple qui ne savoure pas les tristesses.

Un cœur magnifique à se donner, tendre à la compassion.

Un cœur fidèle et généreux,

qui n'oublie aucun bien et ne tienne rancune d'aucun mal.

Faites-moi un cœur doux et humble,

aimant sans demander de retour,

joyeux de s'effacer dans un autre cœur devant votre divin Fils.

Un cœur grand et indomptable

qu'aucune ingratitude ne ferme,

qu'aucune indifférence ne lasse.

Un cœur tourmenté de la gloire de Jésus Christ,

blessé de son amour et dont la plaie ne guérit qu'au ciel.

Amen.

10

Avec Van, redécouvrir « les trois blancheurs »

Il est un saint dont Van ne fait pas mention mais qui, comme lui, a reçu de grandes lumières spirituelles. Il s'agit de saint Jean Bosco, prêtre italien du XIXe siècle et missionnaire de la jeunesse. Don Bosco était un homme d'action, un fondateur, un missionnaire. Le 30 mai 1862, il a une vision prophétique sur laquelle l'Église a beaucoup médité. Il s'agit du songe dit « des trois blancheurs ». Don Bosco raconte cette vision que je partage ici et qui éclairera la personnalité de Van.

> « J'ai vu une grande bataille sur la mer : le navire de Pierre, piloté par le Pape et escorté de bateaux de moindre importance, devait soutenir l'assaut de beaucoup d'autres bâtiments qui lui livraient bataille. Le vent contraire et la mer agitée semblaient favoriser les ennemis. Mais au milieu de la mer, j'ai vu émerger deux colonnes très hautes : sur la première,

une grande hostie – l'Eucharistie – et sur l'autre (plus basse) une statue de la Vierge Immaculée avec un écriteau : *Auxilium christianorum.*
Le navire du pape n'avait aucun moyen humain de défense. C'était une sorte de souffle, qui provenait de ces deux colonnes, qui défendait le navire et réparait aussitôt tous les dégâts.
La bataille se faisait toujours plus furieuse ; le Pape cherche à se diriger entre les deux colonnes, au milieu d'une tempête de coups. Tandis que les armes des agresseurs sont en grande partie détruites, s'engage une lutte corps à corps. Une première fois, le Pape est gravement blessé, mais ensuite il se relève ; puis une seconde fois et cette fois, il meurt tandis que les ennemis exultent.
Le nouveau Pape, élu immédiatement après, reprend la barre et réussit à atteindre les deux colonnes, y accrochant avec deux chaînes le navire, qui est sauvé, tandis que les bateaux ennemis fuient, se détruisent réciproquement, et coulent. »

Ce songe parle de l'Église, de sa vie, de ses combats, de ses soutiens. On y découvre qu'un homme a reçu la mission de diriger notre bateau commun et qu'au cœur de la tempête, c'est appuyé sur l'Eucharistie et la Vierge Marie qu'il parvient à maintenir le « bateau-Église » à flot.

Cette image a été enseignée à des générations d'enfants au catéchisme mais quelque peu oubliée de nos jours.

Comme si parler de la place du Pape dans le projet de Dieu pour ses enfants était dépassé. Comme si présenter la Vierge Marie et l'Eucharistie comme moyens de Salut pour l'Église était incongru. Pourtant, la Vie de Van est marquée par ces « trois blancheurs » qu'il aime de tout son cœur d'enfant, son cœur de catholique, son cœur de religieux enfin. Ce n'est pas pour lui une idéologie mais un attachement charnel et viscéral. Il veut encore aujourd'hui nous partager ce qu'il a découvert.

UN AMOUR FOU POUR JÉSUS-EUCHARISTIE

« Ô Jésus, mon amour, je t'aime. Je veux rester toujours uni à toi en ce divin sacrement de l'eucharistie. Me voici, je me livre à toi[1] ».

Quand on parle d'« Eucharistie », il faut d'abord penser à la messe. Nous avons vu que, pour Van, l'Eucharistie, c'est aussi la « visite au Saint-Sacrement » ou l'adoration de l'hostie dans une chapelle. Ces dévotions sont importantes et comme la préparation ou le prolongement de la messe en elle-même. Adorer Jésus-Eucharistie, c'est faire croître le désir de l'union avec le Sauveur en le recevant en nous à la messe.

1. *AE* 23

Pour Van, la messe est intégrée à son environnement. L'ambiance de son village natal crée une culture favorable à l'amour de Jésus qui se donne à la messe. Il a vu « une piété vivante et démonstrative » facilitant sa propre vie religieuse. Il raconte :

> « Partout où l'on allait, on entendait résonner des paroles pieuses. Les enfants pour la plupart étaient joyeux, polis, assidus à la prière et à la messe. C'est pourquoi, dans ma famille comme dans mon village, partout je ressentais une joie sereine. Il m'était bien agréable de prendre part au bonheur que l'on goûte dans un village chrétien[2]. »

Cette ambiance contraste avec le vide religieux laissé par des décennies de tiédeur, voire d'opposition à toute vie religieuse dans les espaces publics de nos sociétés matérialistes. Van, lui, a goûté le son des cloches pour inviter à la messe et des sorties de messes joyeuses et familiales.

C'est dans ce terreau qu'est née sa vocation au sacerdoce. Son plus grand désir est donc très tôt de pouvoir célébrer la messe, tant il sait ce que le prêtre apporte dans le sacrifice de la messe. On comprend pourquoi il est effondré quand, dans sa quinzième année, sainte Thérèse lui annonce à la cure de Quang Uyen que Dieu a d'autres desseins pour lui que la prêtrise :

---

2. Aut 66

> « Je me mis à pleurer. Mais pourquoi cela ? Comment se fait-il que je ne puisse pas devenir prêtre ? … Oh ! Non ! Non ! Jamais je ne me résignerai à vivre sans être prêtre. Je veux devenir prêtre pour offrir la messe, pour aller prêcher la religion, sauver les âmes et procurer la gloire de Dieu[3]. »

C'est un grand renoncement que d'accepter finalement la volonté de Dieu manifestée par cette envoyée du Ciel.

Auparavant, Van a vécu deux grands évènements eucharistiques, lui donnant de goûter la présence réelle à la messe.

Le premier est le jour de sa première communion. La préparation dure 6 mois au cours desquels Van languit de ce jour béni. Elle est éprouvante : on le trouve petit et on estime qu'il n'a pas l'âge pour cela. À tout juste 6 ans, il lui faut le cœur bien accroché et toute l'attention de son curé de paroisse pour croire que l'union à Jésus ne tardera pas trop. Il est touchant de lire dans son autobiographie à la fois son impatience et son sérieux dans la préparation, sans oublier aussi cette inquiétude lancinante qui ne disparaît que la veille de sa première communion.

C'est au confessionnal que le curé lui annonce qu'il est admis à communier pour la première fois.

3. Aut 649

> « Ah ! Demain… communier… cette parole frappa mon oreille comme le bruit d'une grande vague ; elle fut comme un rayon lumineux qui perça les ténèbres de mon cœur.[4] »

Courant partout, Van annonce la nouvelle à qui veut l'entendre y compris, dans sa spontanéité d'enfant, à son chien : « Ah ! mon Vên, demain je peux communier ! »

La nuit qui précède le grand jour est agitée. Son cœur est palpitant d'émotion. Régulièrement, il se lève pour demander à sa mère : « Maman, est-ce déjà le matin ? » Puis vient le matin et la messe que Van décrit avec tant de profondeur, manifestant sa compréhension de la réalité présente :

> « Je tire doucement la langue pour recevoir le pain de l'Amour. Mon cœur ressent une joie extraordinaire. Je ne sais quoi dire, je ne peux non plus verser une seule larme pour exprimer tout le bonheur dont mon âme déborde. De fait, en ce moment-là, mon âme était comme engloutie dans les délices de l'Amour. Si je ne parlais pas, c'était uniquement parce que je ne trouvais pas de mots pour m'exprimer. Bien plus, mon âme était encore extasiée en présence de l'immensité de Dieu, devant qui je ne suis que néant indigne. Et si je me rends compte que j'existe encore, mon être n'est rien d'autre que Jésus lui-même résidant en moi.

4. Aut 84

> Ah ! Il se fait donc que, en un instant, je suis devenu comme une goutte d'eau perdue dans l'immense océan. Maintenant, il ne reste plus que Jésus ; et moi, je ne suis que le petit rien de Jésus. C'est dire que je suis devenu Jésus, et que Jésus ne fait plus qu'un avec moi[5]. »

Quelle clarté dans la compréhension du mystère vécu ! Quelle douceur dans la grâce reçue !

Cette grâce, Van la goûte à nouveau de façon très marquante lorsque, désespéré par la vie, il communie, comme nous l'avons vu, le soir de Noël 1940. Après la douceur de la première communion, c'est le don de force pour retourner à la cure de Huu Bang.

Ne croyons cependant pas que l'amour de la messe chez Van vient d'extases ininterrompues. S'il bénéficie de grâces sensibles, utiles pour lui et les lecteurs d'aujourd'hui, il est certain que le plus souvent, il les vit dans une certaine aridité mais la foi lui donne de toujours puiser à la source quels que soient ses états d'âme.

Arrivé dans la cure de Huu Bang, on lui apprend à servir la messe :

> « Une semaine après, j'étais admis dans les rangs des servants de messe de seconde classe, et chaque jour j'avais le bonheur de servir dans le

5. Aut 87-88

> sanctuaire. Bien que je ne fusse pas plus haut que l'autel et encore trop faible pour porter le gros missel, je servais quand même la sainte messe, car je savais les prières par cœur et je connaissais très bien les rubriques. Une chose qui me mettait au comble de la joie, c'était de pouvoir communier à chaque messe, immédiatement après que le prêtre ait pris le saint sang[6]. »

Ce service de l'autel tous les matins est, s'il en était besoin, l'occasion de grandir dans le désir d'aimer Dieu.

Van vit la messe de l'intérieur, ce qui ne l'empêche pas, à l'occasion, de partager ses convictions à ceux qui ont besoin d'être enseignés sur la nécessité d'aller à la messe. À cet égard, il est beau de lire l'échange qu'il a avec un homme qui l'a recueilli alors qu'il s'est enfui de la cure d'Huu Bang. Traînant dans la rue et mendiant car ne sachant pas comment rentrer chez ses parents, il est recueilli par un catholique attiédi. Du haut de ses 12 ans, il partage sans crainte le fond de sa pensée, le cœur de sa foi :

> « – Tu sais, croire en Dieu, c'est déjà suffisant ; pourquoi encore se fatiguer à prier et à entendre la messe ? Il convient que tu m'écoutes pour ne pas contrister ma femme. Désormais, mon ami, cesse d'aller à la messe ; il suffit de garder la religion dans son cœur.

6. Aut 129

– Pour moi, je n'admets pas qu'il suffise de garder la religion dans son cœur, mais je dis qu'il faut encore honorer Dieu extérieurement.
Et dans mon ardeur, je fis un sermon au mari et à sa femme ; et la première question que je posai à l'homme fut cette parole de l'Évangile : "Est-ce qu'on allume la lampe pour la mettre sous le boisseau[7] ?" »

Il est très courant aujourd'hui d'entendre des paroles semblables à celles de cet homme. Peut-être sommes-nous nous-mêmes tentés par ces paroles qui relativisent la nécessité de participer à la messe or Van, avec son authenticité, vient nous réveiller pour ne plus accepter ces mots fondés sur la paresse et la tiédeur. Jésus n'a-t-il pas dit au soir de la Sainte Cène « Faites cela en mémoire de moi » ? Jésus veut que nous nous rencontrions pour nous communiquer sa grâce et recevoir l'attention qui lui est due.

La messe, c'est la rencontre amoureuse de la divinité et de l'humanité. C'est le lieu où nous pouvons répondre à l'offrande de Jésus par la propre offrande de nos vies. Une offrande qui n'attend pas le moment de la messe mais qui est pour chaque instant de nos vies. Avec Van, nous apprenons que, si « la messe est la source et le sommet » de toute vie chrétienne, elle s'étend spirituellement à toute notre vie. Il y a une continuité entre la messe et ce que nous vivons quotidiennement.

7. Aut 378

Van a été éclairé à ce sujet dans une vision étonnante reçue durant les messes de Noël qu'il sert l'année de son noviciat en 1945. Il a la vision de Jésus enfant avec lui dans un berceau. Jésus porte un habit magnifique. C'est sainte Thérèse, présente durant cette vision, qui lui expliqua le sens de ce qu'il voyait :

> « Chacun des soupirs que t'ont arrachés les souffrances endurées durant les dernières semaines, chacun de ces soupirs suffisait à former un brin de laine ou une fleur ; j'ai donc utilisé ces brins de laine que tu filais chaque jour par tes souffrances, de même que les fleurs que tu cueillais, pour tricoter à Jésus un habit si magnifique[8]. »

Par ces mots, il est touchant de voir que nos actions de tous les jours, offertes avec amour et patience pour ce qui est des souffrances, font comme un habit à Jésus et le réjouissent.

Oui ! La messe est le lieu de l'échange avec Jésus. C'est là que nous pouvons bénéficier mystérieusement des trésors de vie que le Cœur de Jésus contient.

8. Col 173

UNE DÉVOTION À LA VIERGE MARIE

Après Jésus, Marie, c'est tout pour Van ! Il est impressionnant de voir la place qu'elle prend dans sa vie. D'après lui, c'est elle qui l'accompagne dans la rédaction de son autobiographie. Vu le résultat, étant donné la patience qu'il lui faut durant des mois, sa fragilité naturelle et la profondeur de ses écrits, on ne peut qu'être persuadé que Marie a guidé la main de notre jeune rédemptoriste pour aboutir à un texte d'une telle maturité. C'est d'ailleurs lui qui lui donne les rênes afin de partager la vérité de ce qu'il a vécu :

> « Avant de commencer mon récit, permettez que je me jette à genoux pour demander à Marie, la Mère toute belle, de bien vouloir m'aider dans ce travail. Car toutes les grâces que Dieu m'a accordées sont passées par ses mains maternelles. [...] Ô Mère toute bonne, je recours à vous. Guidez ma main et ne permettez pas que j'écrive selon mes pensées personnelles mais uniquement selon les faits tels qu'ils sont gravés dans votre cœur[9]. »

N'allons pas croire que Van exagère, comme les sceptiques qui relativisent la place de Marie dans la vie des chrétiens. Beaucoup, par un bon sentiment, un raisonnement logique, ne veulent pas la voir divinisée. Soit ! Mais ils oublient que c'est Jésus lui-même qui met sa mère « en avant ». Qui

9. Aut 5

se sert d'elle de façon éminente pour donner ses grâces. Il le fait avec tous les saints. Il ne s'offusque pas de la voir honorée car elle nous conduit à Lui. « Fils, voici ta mère », dit-il à Jean. C'est comme s'il nous disait : « Écoute-la et imite-la pour que tu comprennes avec ses mots et attitudes maternelles que Jésus est le Fils de Dieu, le messie, le Sauveur. » Jésus a remis son pouvoir à Marie. Quand elle intercède pour nous, c'est Dieu qui agit.

Ne pas prendre Marie chez nous, c'est blesser le cœur de Jésus. Il le dit à Van en parlant de la conduite de ses enfants, les baptisés :

> « La conduite de mes épouses dans leurs relations avec moi doit être aussi la même dans leurs relations avec ma Mère. Marie étant ma Mère et mes épouses ne faisant qu'un avec moi, il en résulte que ma Mère est également la Mère de mes épouses. Il semble cependant que plusieurs de mes épouses font preuve d'indifférence à l'égard de ma Mère. Petit ami, écoute bien ce que je vais te dire, ne sois pas distrait. C'est grâce à Marie que mes épouses peuvent s'unir à mon amour de façon intime et durable. Mon petit ami, ne l'oublie jamais : tu dois aimer ma Mère tout comme je l'aime moi-même[10]. »

10. Col 30-31

MARIE EST UNE MÈRE

Accueillant ces paroles de Jésus lui-même, nous comprenons mieux de quelle façon Marie intervient dans la vie de Van. C'est bien par une présence maternelle qu'elle se manifeste. Ce constat, Van n'en démord pas. Il ne veut d'ailleurs pas entendre d'autre qualificatif que « Marie Mère ». Les autres adjectifs lui semblent pauvres, quitte à être en porte à faux vis-à-vis de ses amis les saints :

> « Ô Mère, les saints et les saintes savent te donner des titres divers mais moi, je ne puis que t'appeler tout simplement du nom de Mère, de Mère des âmes. Ô Marie, tu es ma Mère, et dans le ciel je te donnerai, comme sur la terre, le nom de Mère. Je ne veux pas t'appeler "Reine" ni "Notre-Dame". Pour te parler et t'appeler, je ne sais employer que le seul nom de Mère[11]. »

C'est que la présence maternelle de Marie, il l'a repérée maintes et maintes fois. Et Jésus de confirmer ses propres mots sur la croix quand il parle à Van le Vendredi Saint 1946 :

> « Souviens-toi que c'est aujourd'hui l'anniversaire du jour où je t'ai donné à ma Mère Marie pour que tu sois son véritable enfant ; c'est aussi le jour où je t'ai donné Marie ma Mère pour être ta vraie Mère[12]. »

11. Col 245-246
12. Col 480

Marie s'est donc occupée de Van comme une mère.

C'est notamment elle qui se charge, à la demande de Van, de lui trouver sainte Thérèse comme sainte à imiter. Sa mère lui donne une sœur. On se souvient que Van est épuisé par ce qu'il croit être la tentation de vouloir être saint. N'en pouvant plus, il se tourne vers Marie et lui demande de l'éclairer. Puis ayant mis sur une table des ouvrages de vie de saints « Je récitais un genre de formule magique demandant à la Sainte Vierge de diriger ma main sur un volume au moins un peu intéressant[13]. » C'est là qu'il prend la fameuse autobiographie de Thérèse, *Histoire d'une âme,* qui change toute sa vie.

Par la suite, c'est encore Marie qui lui montre la congrégation dans laquelle il doit entrer suite à la déception de ne pas pouvoir intégrer le Carmel comme sainte Thérèse. Et là, il est amusant de voir que c'est Thérèse qui le renvoie à Marie. Voici le dialogue savoureux entre Van et Thérèse :

> « – Mais, ma sœur, si je ne puis entrer au Carmel parce que je suis un garçon, dans quelle congrégation pourrai-je donc entrer ?
> – Dans quelle congrégation ? Ah ! Pour cette affaire, tu devras recourir à la Sainte Vierge.
> – Mais je pense que tu le sais très bien toi aussi.
> – Oui, je le sais très bien, et pourtant il faut que ce soit notre Mère Marie qui te fasse connaître ce

13. Aut 567

point-là qui relève de son pouvoir. Cela te paraît compliqué ? Ne t'en préoccupe pas. Demande-le à la Sainte Vierge, et elle te répondra sans tarder. [...] Chaque jour, quand tu as recours à Marie, fais-lui cette demande, et sois certain qu'elle te répondra. N'oublie pas cependant qu'il y a plusieurs manières de répondre, et qu'il n'est pas nécessaire pour cela qu'elle te parle et te fasse entendre sa voix. Petit frère, prends patience et prie beaucoup, n'est-ce pas[14] ? »

Par la suite, il découvre la Congrégation des Rédemptoristes en étant attiré par la couverture de leur revue qui représente l'icône de Notre-Dame du Perpétuel Secours. Marie, à sa manière, l'a guidé là où il est appelé. Il peut entrer dans la congrégation, précisant au supérieur, dans la plus ancienne lettre qu'on ait de lui, que son entrée en religion est pour « devenir l'enfant de la Sainte Vierge à un titre spécial » (Lettre du 8 août 1943).

MARIE, SECOURS DES CHRÉTIENS

La maternité de Marie s'exprime fortement chez Van comme un soutien dans toutes les détresses. Ce qui est cohérent avec sa vocation de frère dans une congrégation

14. Aut 656-657

ayant reçu la mission de diffuser l'icône de Notre-Dame du Perpétuel Secours. Il sait que Marie le protège :

> « Pendant le *Salve*[15]... Marie me donna un baiser, puis m'attirant près d'elle, elle m'enveloppa dans son manteau en disant : "Malgré les souffrances, tu resteras toujours abrité sous mon manteau, en compagnie du petit Jésus. Tu n'as rien à craindre. C'est aussi mon manteau qui recueillera tes larmes"[16]. »

Ce secours, il en fait l'expérience à de nombreuses reprises dans son enfance douloureuse à la cure de Huu Bang mais aussi lors de sa fuite d'une maison à Bac Ninh où on veut l'acheter :

> « J'ai supplié la Sainte Vierge de venir à mon secours, de m'aider à m'enfuir avant que cette femme ne vienne verser l'argent et me prendre chez elle. C'était donc la minute propice qui m'était offerte par la Sainte Vierge. Rassuré à la vue des deux époux qui dormaient toujours profondément, je pris le parti de m'enfuir sans retard suivant l'inspiration de mon âme. Je fis le signe de la croix et récitai trois *Je vous salue Marie* pour demander la protection de la Sainte Vierge, et je me glissai hors de cette maison. Après avoir franchi la porte,

15. *Salve Regina*
16. Col 2432

> me sentant envahi par une grande anxiété, je me retournai pour voir si quelqu'un avait connaissance de ma fuite, et ne voyant personne, je sortis résolument sur la grand-route pour courir d'un trait jusqu'au marché de Bac Ninh[17]. »

C'est cette même mère à qui il confie sa virginité à 12 ans, afin d'être préservé de l'impureté de la cure de Huu Bang. Quand il y retourne après sa grâce de la nuit de Noël 1940, il se passe ceci :

> « Là, je m'agenouillai devant l'image de Notre-Dame du Perpétuel-Secours, puis les deux mains posées sur l'autel, et le regard fixé sur ma Mère Marie, je prononçai les paroles suivantes : "ô Mère, je fais le vœu de garder la virginité comme toi durant toute ma vie." Ces paroles à peine prononcées, je sentis mon cœur inondé d'une joie qu'aucune plume ne peut décrire[18]. »

Marie est bien présente dans sa vie. Il faut souligner qu'un moyen simple lui permet d'être bien accroché à elle et de lui signifier son affection : il s'agit du chapelet ! Aujourd'hui encore, loin d'être dépassé, il nous fait entrer en relation avec notre Mère et nous soutient dans tout ce que nous avons à vivre.

---

17. Aut 373
18. Aut 463

« Jamais mon cœur ne cessera d'exprimer son amour envers la Sainte Vierge par la récitation du chapelet ; car c'est grâce à cette pratique que Marie ma Mère est toujours venue à mon secours, forçant le démon à me craindre, si bien qu'il n'a jamais réussi à me vaincre. Bien plus, il s'est fait encore asséner de ces coups imprévus qui ont déjoué ses ruses les plus secrètes[19]. »

UN FORT ATTACHEMENT AU PAPE

Les traces de l'importance du Pape dans la vie de Van sont beaucoup plus légères que pour l'Eucharistie et la place de Marie. Toutefois, les lettres qu'il a adressées au Saint-Père nous révèlent son attachement au vicaire du Christ. Ces deux lettres ne lui sont pas parvenues. Elles devaient être données au pape Pie XII par des pères rédemptoristes devant aller à Rome, mais devant la simplicité et la naïveté de la forme du texte, ceux-ci ont renoncé à les lui donner. C'est le père spirituel de Van qui a insisté pour que ses confrères fassent la commission.

Pour la postérité, cela n'a eu pas de conséquence car le père Boucher a recopié les lettres avant de les transmettre à ses confrères qui, finalement, les ont détruites. Celui-ci a

19. Aut 152

demandé à Van l'autorisation de les recopier tant il a trouvé, lui, que ces lettres avaient de l'intérêt. C'est pourquoi, nous avons la possibilité aujourd'hui de connaître le fond du cœur de Van pour « son » Pape.

Nous pouvons noter les trois points principaux et nous laisser interpeller pour vivre quelque chose de similaire :

Van exprime son affection pour le Pape : « Je vous aime beaucoup ». La simplicité des mots est celle de la spontanéité d'un enfant. Van se déclare être d'ailleurs « votre enfant ».

Ce que Van désire le plus, c'est recevoir la mission d'être « petit secrétaire » du Pape. Dans son idée, Van veut penser à Pie XII, l'offrir à Jésus et offrir ses travaux. On sent qu'il veut se faire intercesseur. Lui qui a reçu l'appel à être force vitale des prêtres veut le mettre en application de manière spéciale avec le Pape. Cette « autorisation » d'intercession vient du fait que, le plus humblement du monde, Van se sait tout proche de Jésus. Les mots d'amour entendus dans les différents *Colloques* le poussent à partager le bénéfice de cette proximité.

Enfin, dans la lettre de 1950, Van exprime le fond de sa prière qui est que « le monde sache suivre ses enseignements ». Il est de bon ton de remettre en cause l'autorité et spécialement celle du Pape surtout quand, à la suite de Jésus, il va à contre-courant. Pourtant, le successeur de saint Pierre a une grâce spéciale, celle d'affermir ses frères, puisqu'il est en quelque sorte le « capitaine du navire-Église » (Lc 22,32).

Dans ces humbles lettres, nous pouvons découvrir un Van plein de simplicité pour le pape. Cela nous donne de l'élan pour faire de même.

Les « trois blancheurs » sont pour chacun de nous des balises fiables pour avancer dans la foi. Bien sûr, il est important de les ordonner les unes aux autres. Notre finalité est bien d'aller à Jésus présent dans le Saint-Sacrement. Il est sa présence vivante et vivifiante vers laquelle nous tendons. Jésus est le port vers lequel nous nous dirigeons durant la traversée que représente notre vie.

Marie tient une place éminente pour nous accompagner. Secours des chrétiens face aux embûches de l'ennemi, elle est aussi une mère attentive qui prend soin de la famille que forme l'Église.

Le Pape, quant à lui, est un veilleur, un pasteur et un enseignant pour que cette famille s'ouvre au Ressuscité qui veut faire toute chose nouvelle en son Église.

PAROLE DE DIEU

« Quand ils eurent mangé, Jésus dit à Simon-Pierre : "Simon, fils de Jean, m'aimes-tu vraiment, plus que ceux-ci ?" Il lui répond : "Oui, Seigneur ! Toi, tu le sais : je t'aime." Jésus lui dit : « Sois le berger de mes agneaux. »

Il lui dit une deuxième fois : "Simon, fils de Jean, m'aimes-tu vraiment ?" Il lui répond : "Oui, Seigneur ! Toi, tu le sais : je t'aime." Jésus lui dit : "Sois le pasteur de mes brebis."

Il lui dit, pour la troisième fois : "Simon, fils de Jean, m'aimes-tu ?" Pierre fut peiné parce que, la troisième fois, Jésus lui demandait : "M'aimes-tu ?" Il lui répond : "Seigneur, toi, tu sais tout : tu sais bien que je t'aime." Jésus lui dit : "Sois le berger de mes brebis" » (Jn 21, 15).

CE QUE NOUS DIT THÉRÈSE

Thérèse en visite à Léon XIII

« Avant de prendre la plume, je me suis agenouillée devant la statue de Marie..., je l'ai suppliée de guider ma main afin que je ne trace pas une seule ligne qui ne lui soit agréable. Ensuite ouvrant le Saint Évangile, mes yeux sont tombés sur ces mots : "Jésus étant monté sur une montagne, il appela à Lui ceux qu'il *lui plut* ; et ils vinrent à Lui" (Mc 3, 13). Voila bien le mystère de ma vocation, de ma vie tout entière et surtout le mystère des privilèges de Jésus sur mon âme... Il n'appelle pas ceux qui en sont dignes, mais ceux qu'il lui *plaît.* »

Histoire d'une âme, Ms A 2r

PROPOSITIONS POUR AGIR

– Place dans ta poche de manière systématique un chapelet.

– Trouve sur Internet des textes du Pape et prends le temps d'en lire des extraits selon le thème qui t'intéresse.

– Décide de ne pas passer devant une église sans y entrer et y saluer Jésus au tabernacle, en faisant un signe de croix ou une génuflexion.

– Ne te prive pas d'aller communier lorsque tu ne te sens pas digne. Et si tu as un péché grave sur la conscience, reçois le sacrement de la réconciliation.

PRIÈRE

Seigneur Jésus,

je te rends grâce pour tous les trésors que tu as donnés à ton Église afin que j'avance sur les chemins du Salut.

Merci pour la nourriture spirituelle offerte dans la sainte messe.

Merci pour la douce prière de Marie qui veille à la croissance de mon âme.

Merci pour les papes qui s'occupent de nous, spécialement par leurs enseignements.

Amen !

Conclusion

À la suite de sainte Thérèse, patronne des missions, Van entre chez les rédemptoristes pour que Jésus soit connu et aimé. Chez Van, tout montre son désir missionnaire. De sa plus tendre enfance à sa mort héroïque en camp de travail. De sa vie cachée au monastère à ses écrits.

Il est beau de contempler son âme de missionnaire, particulièrement dans ses relations durant ses premières années. Fondateur des « Anges de la Résistance » pour restaurer un sain esprit dans la cure où il est pensionnaire, il travaille à la nécessaire conversion de ses camarades en leur proposant les exigences de la vie chrétienne. Il fréquente les petits gardiens de buffles, sales et impolis, dans le but de leur faire connaître Celui qui l'anime. Durant toute sa vie, Van fut comme sainte Thérèse. Il eut « soif des âmes » qu'il voulait donner à Jésus.

Comme sainte Thérèse, ce n'est finalement pas dans un apostolat visible qu'il va mettre en œuvre son désir d'être missionnaire. C'est dans la discrétion d'un monastère et par des services communs d'un humble frère que Van va transformer le monde.

La Mission ! Ça l'a fait rêver et l'on ne peut achever cet ouvrage sans mettre particulièrement en lumière ce à quoi tout chrétien est appelé. Vivre la mission pour que tous aient accès au trésor que sont Jésus et son Évangile.

Pour Van, la mission spéciale est celle d'être « apôtre plus par l'Amour que par la parole ou une activité extérieure, apôtre par l'Amour absolu, c'est-à-dire par une vie cachée de prière et de sacrifice[1] ».

Au moment où Thérèse lui annonce qu'il ne sera pas prêtre, Van reçoit un titre qui donnera un sens à toute sa vie de rédemptoriste : « Quant à toi, petit frère, tu auras toujours comme fonction d'être l'"Apôtre caché de l'Amour"[2] ».

Cette mission, il l'accepte et la déploie :

> « Je pense que mon désir de voir les hommes croire en Dieu et l'aimer m'a stimulé à faire des efforts pour recueillir quantité de sacrifices et de prières. Et encore aujourd'hui, je garde le même désir qu'autrefois[3]. »

Cette mission ne s'achève cependant pas au jour de sa mort en camp. Toute sa vie, par la prière, Van fait une « grande réserve d'arme et de nourriture » spirituelle tenue à disposition de ceux qui voudront s'en servir. Autrement dit, les

1. Aut 519
2. Aut 652
3. Aut 92

trésors spirituels amassés durant sa vie terrestre sont aussi les nôtres. C'est Marie qui lui dit dans les *Colloques*. La mission de Van est donc, en quelque sorte, en deux étapes : une terrestre et une céleste. Comme Thérèse qui désire passer son Ciel à faire du bien sur la Terre, Van reçoit cette mission de vivifier les chrétiens qui s'approcheront de lui. Sa mission : « apprendre aux âmes à aimer Jésus ». Mission exercée « tout particulièrement auprès des enfants[4] »

Et avec le titre d'apôtre caché de l'amour, Van reçoit de Jésus le nom de « seconde petite Thérèse » (Col 108) dont la fonction au Ciel est « d'aider Thérèse à répandre dans le monde la confiance en son amour » et de n'avoir « comme Thérèse[5] qu'une occupation : faire tomber une pluie de roses sur (le Vietnam) et le monde entier[6] »

Tu auras remarqué la récurrence de l'expression « comme Thérèse ». Il ne faut pas s'en lasser, car elle montre le lien étroit entre les deux amis de Jésus. Au début de l'*Autobiographie*, Van annonce la couleur : sa vie est en tout point semblable à la sienne c'est-à-dire « même tige, même parfum, même beauté » (Aut 3) et de s'exclamer : « Je suis l'humble pétale de la fleur, ma sœur sainte Thérèse[7] »

---

4. Col 336
5. « Permettez-moi de revenir sur la terre, afin de protéger les âmes saintes, des âmes dont la longue carrière ici-bas complètera la mienne. » RP8 Récréation pieuse 8 de sainte Thérèse.
6. Col 108
7. AE 50

Aujourd'hui, Van souhaite être un intercesseur pour toi et influencer ta vie. C'est sa mission au Ciel. Sa vie exemplaire et ses écrits de feu sont autant de moyens pour que tu te tournes un peu plus vers Jésus. En lui demandant son aide dès à présent, tu te verras avancer au-delà de ce que tu peux imaginer. Il ne te reste plus qu'à lever la tête et à te lancer dans la confiance !

Remerciements

Merci à Grégory Turpin, Clotilde Brossollet et Raphaëlle Simon des éditions Première Partie.

Merci à Dominique Pérot-Poussielgue, éditrice, d'avoir coordonné cet ouvrage.

Merci à Jacques Gauthier, qui par sa connaissance des écrits de sainte Thérèse, a su trouver les citations de la grande sœur de Van les plus appropriées.

Merci aux Missionnaires de l'Amour de Jésus pour leur affection et leur passion pour Van.

Merci au père Jean-Marie Petitclerc pour sa belle préface.

Merci à l'association Les Amis de Van pour leur aide et leur passion !

Table des matières

Préface 9
Introduction 13
Vie de van 16
Mode d'emploi 21
Les écrits de Van 23

I. Avec Van, influencer le monde 25
Une vocation : porter du fruit 26
Rester caché 27
Influer sur son entourage 29
Influer sur la foi de son père 31
Maternité et paternité spirituelles 32
Être modèle 35

II. Avec Van, choisir la sainteté 40
La sainteté : un idéal insensé ? 41
Une sainteté à portée de main, le tournant opéré par Thérèse 47
Un chemin qui lui ouvre la communion des saints 50

III. Avec Van, apprendre à prier 55
La prière de l'enfance 57
De la légèreté à une affaire « sérieuse » 59
Apprendre à prier avec sincérité à l'école de Thérèse 63
La prière, lieu de l'intimité 67

IV. Avec Van, vivre la prière 73
Les prières apprises et récitées 74
Se mettre à l'écart pour entendre Dieu 77
Tabernacle et visite au Saint-Sacrement 81
La prière de demande 84
Les combats dans la prière 87

V. Avec Van, aimer son pays 93
Admirer son pays 95
Lutter pour son pays 97
Union entre les peuples 102
Les conséquences de la place de la patrie 104

VI. Avec Van, transformer la souffrance en bonheur 109
Une enfance de souffrance 111
La grâce de Noël 1940 115
Van continue sa route dans l'amour 118
Le mécanisme des abus 120
Le trésor de la Croix 122
Le pamplemousse 125

VII. Avec Van, entrer en résistance 129
Contre qui, contre quoi ? 130
Les moyens pour résister 133
La force qui se déploie dans la faiblesse 142

VIII. Avec Van, aimer les prêtres 147
Van, force vitale des prêtres 148
Les prêtres qui s'éloignent ou ne sont pas ajustés 153
Les prêtres de Van nous éclairent sur le sacerdoce 157

IX. Avec Van, vivre l'enfance spirituelle 165
Esprit des Béatitudes 166
L'émerveillement 173
Louer Dieu 180

X. Avec Van, redécouvrir « les trois blancheurs » 183
Un amour fou pour Jésus-Eucharistie 185
Une dévotion à la Vierge Marie 193
Marie est une mère 195
Marie, secours des chrétiens 197
Un fort attachement au Pape 200

Conclusion 205

Remerciements 209

L'association

Les Amis de Van

Si tu veux témoigner de ton amitié avec Van ou des merveilles qu'il fait pour toi, tu peux nous le partager en nous contactant

L'ASSOCIATION

Les Amis de Van,
association privée de fidèles fondée en 1991, a pour objectif de :

- Faire connaître Marcel Van et son message, grâce notamment à ses écrits originaux traduits par son père spirituel.

- Conduire sa cause de béatification et rassembler tout élément susceptible d'y contribuer.

- Renforcer les liens entre les Églises de France et du Vietnam, en parrainant des séminaristes vietnamiens, en soutenant le dialogue interculturel entre nos deux pays et l'apprentissage de la langue française.

MARCEL VAN

À la demande de son père spirituel, le père Antonio Boucher, Van a écrit son autobiographie, a pris en note tous les échanges qu'il a eus avec Jésus, Marie, Sainte Thérèse de Lisieux, et lui a confié toute sa correspondance.

De retour au Canada, le père Boucher a passé les 20 dernières années de sa vie à traduire cette œuvre, émerveillé par la spiritualité rayonnante de ce petit frère, et pressentant que Van aurait un rôle à jouer dans l'Eglise et dans le monde...

LES CONTACTS

Les Amis de Van

3, place André Leroy
49000 Angers

Président : Dominique Vermersch
Tél: 0635329741
Mail: amis@amisdevan.org

Site de l'association :
www.amisdevan.org
Site de la boutique en ligne :
www.laboutiquedevan.com

Les écrits de Marcel Van

L'Autobiographie

Marcel Van raconte son histoire, parfois douloureuse, mais toujours confiante, d'apôtre caché de l'amour et sa première rencontre avec Thérèse de Lisieux lui apprenant à garder une confiance sans limite en Dieu.

Les Correspondances

Marcel Van révèle dans un langage simple, ouvert, chaleureux, amical, respectueux et réaliste son attention aux autres et son bon sens dans plus de 300 lettres. Elles reflètent toute son âme lorsqu'il s'ouvre à ses supérieurs, à ses amis, à sa petite sœur et à sa famille. On y découvre son attention aux autres, sa capacité d'écoute, son discernement, son sens pratique et sa grande délicatesse spirituelle.

Les Autres Écrits

Le quatrième et dernier tome des Œuvres Complètes de Marcel Van rassemble ses écrits originaux et inédits (poésies, lettres à Jésus...) en réponse au vœu du pape saint Jean-Paul II de recueillir la mémoire des témoins et martyrs de la foi du XXe siècle. Ses poésies invitent à la méditation et à la prière. Sa dévotion à saint Alphonse de Liguori et ses lettres à Jésus montrent l'exemple d'une intimité profonde avec les interlocuteurs célestes. Ses réponses spontanées aux questions posées par son père spirituel guident dans la foi et l'espérance. Il finalise une œuvre qualifiée de "trésor" par le père spirituel de Van.

Les Colloques

Marcel Van nous livre ses dialogues intérieurs avec Jésus, Marie et Thérèse de Lisieux dans une incroyable spontanéité et une tendresse surprenante. Jésus se fait Directeur spirituel et, grâce à Van, dit à nouveau combien son amour miséricordieux pour l'humanité est sans mesure.

La fraternité des Missionnaires de l'Amour de Jésus

LA FRATERNITÉ

Fondée en 2001 dans le diocèse de Metz, les Missionnaires de l'Amour de Jésus sont une famille spirituelle qui met en commun différents états de vie dans la prière, la mission et la vie fraternelle. Sa spiritualité est celle de la « voie de l'enfance » telle qu'elle est définie par le frère Marcel Van et sainte Thérèse de l'Enfant-Jésus. L'Amour de Miséricorde est au cœur de son apostolat, plus particulièrement mis au service des familles, des jeunes et des prêtres.

LA CITÉ MARCEL VAN

La Cité Marcel Van est un ancien couvent devenu la maison de famille de la Fraternité. Elle accueille une petite école et tous les groupes qui souhaitent y grandir dans la foi, spécialement les jeunes et les familles. L'ambiance y est simple et familiale.

LES CONTACTS

Missionnaires de l'Amour de Jésus

Cité Marcel Van
7, place Anne de Méjanès
F-57640 ARGANCY

Tél. : 33 (3)3 87 77 79 32
Mail : contact@m-a-j.org

Achevé d'imprimer en octobre 2023
sur les presses de
La Manufacture - Imprimeur – 52200 Langres

Tél. : (33) 325 845 892

N° imprimeur : 230760 - Dépôt légal :octobre 2023
Imprimé en France